ESV ERICH SCHMIDT VERLAG

DatenDebatten

Band 1

Schriftenreihe der Stiftung Datenschutz
Bundesstiftung nach bürgerlichem Recht, rechtsfähig/gemeinnützig, gestiftet von der Bundesrepublik Deutschland.
Aufsichtsbehörde: Landesdirektion Sachsen.

Geschäftsstelle: Karl-Rothe-Straße 10–14, 04105 Leipzig
Telefon 0341/5861 555-0
Telefax 0341/5861 555-9
www.stiftungdatenschutz.org
mail@stiftungdatenschutz.org

Redaktion: Dr. Nikolai Horn

Diese Publikation ist gefördert mit Mitteln der Bundesregierung.

Die Bundesregierung

Zukunft der informationellen Selbstbestimmung

Herausgegeben von
der Stiftung Datenschutz

Mit Beiträgen von

Prof. Dr. Hans Peter Bull, Dr. Thomas Giesen,
Prof. Dr. Jürgen Kühling, LL.M.,
Sabine Leutheusser-Schnarrenberger,
Prof. Dr. Kai von Lewinski, Bettina Robrecht, LL.M.,
Peter Schaar, Julia Schramm,
Christiane Schulzki-Haddouti, Michael Seemann,
Prof. Dr. Indra Spiecker genannt Döhmann, LL.M.,
Julia Stinner, Prof. Dr. Sabine Trepte

ERICH SCHMIDT VERLAG

Bibliografische Information der Deutschen Nationalbibliothek
Die Deutsche Nationalbibliothek verzeichnet diese Publikation in der Deutschen Nationalbibliografie, detaillierte bibliografische Daten sind im Internet über http://dnb.d-nb.de abrufbar.

Weitere Informationen zu diesem Titel finden Sie im Internet unter
ESV.info/978 3 503 16677 0

ISBN: 978 3 50316677 0
ISSN: 2366 3820

www.ESV.info

Dieses Papier erfüllt die Frankfurter Forderungen der Deutschen Nationalbibliothek und der Gesellschaft für das Buch bezüglich der Alterungsbeständigkeit und entspricht sowohl den strengen Bestimmungen der US Norm nsi/Niso Z 39.48-1992 als auch der ISO Norm 9706.

Gesetzt aus Garamond, 9,5 pt/11,5 pt

Satz: Y. Götz, Berlin
Druck und Bindung: Druckerei Strauss, Mörlenbach

Vorwort

Daten verdienen Debatten. Deshalb markiert der vorliegende Band zur Zukunft der informationellen Selbstbestimmung den Auftakt zur Schriftenreihe DatenDebatten. Herausgeberin ist die Stiftung Datenschutz. Sie wurde im Jahr 2013 von der Bundesregierung gegründet, Stifterin ist die Bundesrepublik Deutschland. Aufgabe der unabhängigen Einrichtung ist die Förderung des Privatsphärenschutzes. Hierzu bietet sie eine Plattform zur Diskussion und dient als Schnittstelle zwischen Gesellschaft, Politik, Wirtschaft und Forschung. Ziel ist die Etablierung eines Dialogforums, das Vorschläge für eine praxisgerechte und wirksame Datenpolitik entwickelt. Mit der Schriftenreihe wollen wir jährlich einzelne, gesellschaftlich relevante Themen aus dem Bereich des Datenschutzes aufgreifen und interdisziplinär behandeln. Wie im Auftaktband werden wir auch in der Folge verschiedene fachliche Professionen und inhaltliche Strömungen zu Wort kommen lassen. Der Umgang mit Daten erfasst derart viele Lebens- und Arbeitsbereiche, dass aus unserer Sicht nur ein breitgefächerter, über rein rechtliches hinausreichender Blick, die richtige Einordnung ermöglicht.

Texte zur Geschichte des Datenschutzes gibt es viele. Zustandsbeschreibungen zu seiner Gegenwart sind Legion. Mutmaßungen und Visionen zur Datenschutzzukunft dagegen sind rar – was angesichts der stetig wachsenden Bedeutung der Materie verwundert. Die Bundesstiftung nimmt dies zum Anlass, in der vorliegenden Publikation sehr unterschiedliche Sichtweisen zu einer möglichen kommenden Entwicklung zusammenzuführen. Es geht um nicht weniger als die Zukunft der informationellen Selbstbestimmung. Dieses rechtliche Konstrukt zum Persönlichkeitsschutz ist in sich bestechend schlüssig. Das Ziel ist klar: Kontrolle, und zwar die Kontrolle einer Person über die sie selbst betreffenden Daten. Der Weg zum Ziel wird jedoch zunehmend steiniger. Pessimisten sagen, dieser Weg sei in der Zukunft einer technisierten Welt nicht mehr gangbar. Optimisten sagen: Er muss es bleiben.

Die informationelle Selbstbestimmung hatte sich bereits in den vergangenen ersten drei Jahrzehnten ihrer Existenz vielen Herausforderungen zu stellen. Ihre Tauglichkeit als Instrument zur Wahrung höchstpersönlicher Interessen wird in Zukunft noch stärkere Prüfungen auszuhalten haben.

Eine Welt, die immer stärker vernetzt und verbunden wird und in der immer mehr Kommunikations- und Informationssysteme und sogar Alltagsgegenstände Daten austauschen, eine solche Welt wird zeigen, ob die echte informationelle Selbstbestimmung Utopie zu werden verdammt ist. Die zukünftige Diskussion wird dabei auch den Primat des Rechts und in Konsequenz den Primat der Politik in ihr Zentrum rücken müssen; ein „code is law" griffe aus rechtsstaatlicher Sicht zu kurz.

Doch nicht allein die rasant vorangehende Entwicklung von Technik und Technologie fordert das Recht heraus, welches die Kontrolle des Menschen über „seine" Daten zu sichern sucht. Es ist oftmals der betroffene Mensch selber, der als Datensubjekt ganz anders handelt, als sich es manch Datenschützer wünscht. Zu erforschen wird sein, welche Gründe und Motive hinter der sich ausweitenden Freigiebigkeit an privaten Details stehen: Vertrauen die Bürgerinnen und Bürger der vernetzten Welt persönliche Informationen so umfangreich an, weil sie es mittlerweile nicht mehr anders kennen? Sind sie arglos oder gehen sie den mittlerweile alltäglichen Tauschhandel „Daten gegen Dienstleistung" bewusst ein? Verkommt eine enge Abgrenzung der privaten Sphäre zur Öffentlichkeit zu einem Relikt, welchem vor allem professionelle Datenschützer nachtrauern? Muss oder darf der Staat eine private Person zu datenschützerisch gewünschtem Verhalten drängen – weil Grundrechtsschutz ohne ein Mitmachen seines Trägers nicht funktioniert? Derartigen Fragen wird sich eine öffentliche Instanz nicht verschließen können, die in Zukunft den Umgang mit Informationen in Daten zum Wohle der Menschen klug reglementieren will. Die Stiftung Datenschutz will die begonnene Diskussion jedenfalls aktiv unterstützen.

Leipzig, im Januar 2016

Frederick Richter, LL.M.
Vorstand der Stiftung Datenschutz

Geleitwort

Die Reihe *DatenDebatten* ist von der Stiftung Datenschutz ins Leben gerufen worden, um der Diskussion über informationelle Selbstbestimmung, Datenschutz und Privacy ein besonderes Forum zu bieten. Hier sollen Vertreter aus Politik, Technologie, Recht, Sozialwissenschaften und Psychologie die Gelegenheit erhalten, in einen interdisziplinären Austausch zu treten – einen Austausch, der zu einer fruchtbaren Diskussion und neuen, spannenden Lösungsansätzen und Konzepten führen soll.

Ich freue mich, dass der erste Band dieser neuen Reihe nun vorliegt. Im Einklang mit dem Stiftungszweck, den Datenschutz in Deutschland, insbesondere durch Aufklärung und Bildung der Bürger zu fördern, befasst sich dieser Band mit dem Grundrecht auf informationelle Selbstbestimmung und dessen Zukunft.

Eine Diskussion kann nur dann zum Ziel führen, wenn alle Beteiligten sich auf eine einheitliche Grundlage stützen können. Dazu ist es notwendig, sich des **Grundrechts auf informationelle Selbstbestimmung** zu vergegenwärtigen. *Julia Stinner* liefert in ihrem Beitrag hierzu eine historische Perspektive. Doch die historische Betrachtung kann nicht alleinige Grundlage der Betrachtung bleiben. In der heutigen vernetzten Welt, ist ein internationaler, europäischer Ansatz des Datenschutzes geboten. Dass dies zum Konflikt mit dem deutschen Grundrecht führen kann, führt *Prof. Dr. Kai von Lewinski* näher aus.

Die Technik unterliegt stetigem Wandel. Nirgends ist dies so präsent wie in der Informationstechnologie (Stichwort Mooresches Gesetz). Einem so **rapiden Wandel** sind Gesetzgeber aller Ebenen nicht immer gewachsen. *Prof. Dr. Hans Peter Bull* nimmt sich dieses Themas an und beleuchtet insbesondere die neu aufgetauchten und noch auftauchenden Bedrohungen für die informationelle Selbstbestimmung. Gefahren denen nur auf einer internationalen Ebene entgegengetreten werden kann, wie *Prof. Dr. Jürgen Kühling* zutreffend darstellt. Doch der Wandel beschränkt sich nicht auf die Technologie allein, der Mensch, die Gesellschaft und ihre Werte wandeln sich mit ihr. Dies wird sehr instruktiv von *Julia Schramm* im Hinblick auf die Post Privacy Gesellschaft herausgearbeitet. Wandel birgt nicht nur Risiken, sondern auch Chancen. Eine Fülle an Informationen steht dem einzelnen Bürger zur Verfügung, sprichwörtlich zum Greifen nahe. Diese Gelegenheit der Informationsabfrage birgt auch Macht, Macht zur Selbstbestimmung über Information, nämlich welche Information der Einzelne konsumiert. Dieses **Spannungsverhältnis von Kontrollverlust** über die eigene Information und **Potential an Informationszugewinn** ist Thema dreier weiterer Beiträge: *Bettina Robrecht, LL.M.*, legt ihr Augenmerk auf den Zwiespalt zwischen Datensparsamkeit und Datenfreizügigkeit, *Prof. Dr. Indra Spiecker genannt Döhmann, LL.M.*, sucht einen Ausgleich zwischen Entfaltungsmöglichkeit im Rahmen der Freiheitsrechte im Gegensatz zu dem Bedürfnis nach Privatheit des Einzelnen, während *Michael Seemann* aufzeigt, welches Machtpotential der „Abfragende“ im Meer der Informationen hat.

Der Schutz der informationellen Selbstbestimmung durch Gesetze bildet lediglich einen Aspekt in der Gesamtbetrachtung des Datenschutzes. Entscheidend daneben ist auch die **Durchsetzung ebendieser Gesetze**. Nur eine nachvollziehbare und nachhaltige Durchsetzung kann dem Stellenwert des Datenschutzes gerecht werden und dessen Achtung in der Gesellschaft sichern. Dass diese Durchsetzung aber leider immer wieder Defizite aufweist, zeigt *Peter Schaar* von seiner Warte als ehemaliger Bundesbeauftragter für Datenschutz auf und wird von *Christiane Schulzki-Haddouti* mit ernüchternden Zahlen unterfüttert. Es wird hier ein geeintes Vorgehen und eine erhöhte Investitionsbereitschaft notwendig sein, um diese Missstände zu beseitigen.

Oder ist es notwendig, den gesamten Ansatz des Datenschutzes neu zu überdenken? Zeigt sich in den rechtlichen und praktischen Schwierigkeiten, dass eine Kontrolle über die Informationen des Einzelnen nicht mehr möglich ist? Dass also die **informationelle Selbstbestimmung als Abwehrrecht nicht mehr ausreicht und vielmehr als Freiheitsrecht verstanden** und ausgestaltet werden muss? Diese Fragen werfen *Dr. Thomas Giesen*, aus der Perspektive eines Juristen, und *Prof. Dr. Sabine Trepte*, aus kommunikationspsychologischer Sicht, auf. Fragen die zum Nachdenken und Diskutieren anregen.

Es ist gelungen, in diesem Band eine große Bandbreite an Meinungen und Fachrichtungen zu vereinen. Dies ist äußerst erfreulich, denn nur ein solcher, weit gefächerter Ansatz kann den notwendigen Diskurs in Gang setzen, den dieses Thema erfordert – einen Diskurs, der uns noch lange Zeit beschäftigen und hoffentlich noch mancherlei Facetten zu Tage fördern wird.

In diesem Sinne wünsche ich eine anregende Lektüre und eine fruchtbare Diskussion über die Zukunft der informationellen Selbstbestimmung.

München, im Januar 2016 Prof. Dr. Peter Bräutigam

Über den Autor:
Prof. Dr. Peter Bräutigam – Fachanwalt für IT-Recht und Honorarprofessor an der Universität Passau – leitet als Partner bei Noerr LLP die Practice Group IT, Outsourcing & Privacy. Neben seiner langjährigen praktischen Tätigkeit als Anwalt im IT-Recht publiziert und referiert er regelmäßig zu aktuellen Fragen des IT-Vertragsrechts. So ist er u. a. Herausgeber des Handbuchs IT-Outsourcing – das bereits in 3. Auflage unter dem Titel „IT-Outsourcing und Cloud-Computing" im Erich Schmidt Verlag erschienen ist – und Mitherausgeber der Neuen Juristischen Wochenschrift (NJW). Neben seinem Engagement in verschiedenen Vereinigungen (u. a. Stellvertretender Vorstandsvorsitzender bei der Deutschen Gesellschaft für Recht und Informatik [DGRI], Vice Chair des Cyber Crime Committees der International Technology Law Association [ITechLaw]), gehört Prof. Dr. Peter Bräutigam dem geschäftsführenden Ausschuss der Arbeitsgemeinschaft IT-Recht im Deutschen Anwaltverein [DAVIT] an und ist Beiratsvorsitzender der Stiftung Datenschutz.

Inhalt

Von Hans Peter Bull

Hat die „informationelle Selbstbestimmung" eine Zukunft?

I. Die Schwierigkeit der Grundsatzkritik

Die Fähigkeit unserer Gesellschaft, komplexe Probleme nachhaltig zu lösen, ist schwach entwickelt. Die politischen und medialen Diskussionen entwickeln sich regelmäßig auf einem einmal eingeschlagenen Weg, der vom Zeitgeist, aber auch von Zufällen und nicht zum geringsten Teil von den Interessen Beteiligter geprägt und durch grundsätzliche Einwände nicht vom Kurs abzubringen ist, so dass Korrekturen allenfalls in Details erfolgen. In Sachen Datenschutz streiten wir auf dem breiten Mittelweg einer Grundübereinstimmung wie in Glaubenskämpfen des Mittelalters über die richtige Lehre – über Freiheit und Selbstbestimmung als solche und die Grundrechte in ihrer idealen Gestalt – aber wir streiten abgehoben von den konkreten Problemen der Praxis und ohne hinreichenden Blick auf den tatsächlichen Zustand der Welt. Wir erwarten die Überwindung gravierender Interessenkonflikte durch neue Rechtsvorschriften und verstärkte Kontrollen und verkennen dabei die Grenzen möglicher Wirksamkeit von Recht.

Der tiefere Grund dieses unbefriedigenden Zustandes liegt darin, dass das Datenschutzrecht allumfassend angelegt ist: Jede Form des Umgangs mit personenbezogenen Daten soll dem Recht unterworfen werden, jede Sammlung, jede Speicherung und jede Verwendung von Daten soll durch Rückgriff auf eine Vorschrift (oder die Einwilligung des Betroffenen) gerechtfertigt werden – sonst ist sie nach der herrschenden Vorstellung rechtswidrig und muss beendet werden. Die Selbstbestimmung über die „eigenen" Daten soll nur durch „normenklare" und „verhältnismäßige" Erlaubnisnormen überwunden werden können – obwohl doch jeder weiß, dass die Daten kein „Eigentum" der Betroffenen sind und dass der Gesetzgeber nicht jeden Umgang mit Daten im Voraus angemessen regeln kann. Die Vielzahl der Generalklauseln, die das Datenschutzrecht prägt, und die Kompliziertheit und Unübersichtlichkeit dieser Materie sind die unvermeidlichen Folgen des Anspruchs, jegliche Form der Wahrnehmung und Nutzung von Informationen zu reglementieren. Gegen alle Erfahrung wird behauptet, dass jede Form von Datenverarbeitung große Risiken für individuelle Rechte begründe; aus Sorge vor Missbrauch wird der normale, meist nützliche Gebrauch von Informationstechnik eingeschränkt oder gar verhindert (bis der Gesetzgeber neue Erlaubnisvorschriften beschließt).[1]

Wenn sich an dieser Grundeinstellung nichts ändert, werden auch in zehn oder zwanzig Jahren noch dieselben abstrakten Diskussionen wie heute geführt werden: Die einen werden die Rechtslage weiterhin als unzureichend ansehen und „mehr Datenschutz“ fordern, um auch die allerletzten Lücken möglicher (!) Gefahren für die informationelle Selbstbestimmung zu schließen, die anderen werden viele Vorschriften als zu eng oder unzweckmäßig kritisieren. In den Medien werden dieselben Szenarien der Überwachung aller gesetzestreuen Bürger durch die Geheimdienste und der Verführung aller Verbraucher durch individuell zugeschnittene Werbung verbreitet werden, die schon vor der Einführung von Computer und Internet populär waren und die so bewährt darin sind, Angst zu erzeugen (aber niemanden davon abhalten, in den „sozialen Medien“ Peinliches aller Art zu offenbaren).

II. Konkrete Abwägungen gegen Angst und Euphorie

Wir brauchen trotzdem nicht den Kopf in den Sand zu stecken. Wir sollten auf die wirklich relevanten Fehlentwicklungen konzentrieren und für konkrete Lösungen streiten – dann wird sich sehr wohl einiges ändern, wenn auch erst langfristig und mit Sicherheit nicht nur in der einen, von uns für richtig gehaltenen Richtung. Wir können allerdings die allgemein konsentierten hohen Ziele nur verwirklichen, wenn wir den Absolutheitsanspruch des einen Grundrechts, eben der informationellen Selbstbestimmung aufgeben und eine praktische Konkordanz mit anderen Grundrechten der freien Kommunikation anstreben. Der Schutz vor den Risiken der Datenverarbeitung rangiert nicht höher als die Freiheit der Meinungsäußerung oder die Berufs- und Gewerbefreiheit; es gibt ein gleichrangiges und nicht selten – je nach den Umständen – höherrangiges Interesse daran, dass Daten gesammelt

1 Diese Kritik ist ausführlicher dargelegt in meinem Buch: Bull, Sinn und Unsinn des Datenschutzes, 2015.

und genutzt werden. Dieses Interesse kann auch eines der Allgemeinheit sein: der Schutz vor Mord und Totschlag, Drogenhandel und Geldwäsche muss ebenso ermöglicht werden wie die Eintreibung von Steuern und Sozialbeiträgen. Der Gesetzgeber muss immer zwischen konkurrierenden Interessen und Rechtspositionen abwägen, um zu einer gerechten Regelung zu gelangen. Wenn die öffentliche Meinung die Grundrechte der Informationsinteressenten von vornherein geringer einschätzt als die der an Geheimhaltung Interessierten, macht sie den Datenschutz zum Selbstzweck und behindert den Fortschritt.

Für die Zukunft des Datenschutzes heißt das, dass es wirkliche Verbesserungen nur geben wird, wenn alle Beteiligten sich auf die Bewältigung konkreter Probleme konzentrieren und dabei nüchtern abwägen, welche Vorkehrungen zum vorbeugenden Schutz vor Rechtsverletzungen und unerwünschten Datennutzungen jeweils wirklich erforderlich sind. Wir brauchen eine Rechtsordnung, die den Schutz der Privatsphäre und anderer Rechtsgüter garantiert und doch zugleich die freie Kommunikation fördert, also eine Abkehr von der Datenschutz-„Bürokratie" mit ihrer übertriebenen Vorsorge vor rein theoretischen Risiken. Es sollte nicht länger Richtschnur der Datenschutzgesetzgebung sein, dass auch die „harmlosesten" Daten unter ungünstigen Umständen noch dazu gebraucht werden können, den Betroffenen übel mitzuspielen; es genügt, Vorsichtsregeln für die *wahrscheinlichen* Arten von Fehlverhalten vorzusehen. Die unwahrscheinlichen, seltenen Fälle von Grundrechtsverletzung können unterbunden werden, wenn sie denn tatsächlich stattfinden oder unmittelbar bevorstehen. Es ist deshalb an der Zeit, das vorsorgliche generelle „Verbot mit Erlaubnisvorbehalt" abzuschaffen und die Rechtmäßigkeit von Datenverarbeitung an materiellen Maßstäben des angemessenen, fairen, grundrechtsgerechten Umgangs mit Informationen zu messen.

Entsprechende Vorschriften sind längst geltendes Recht; sie sind für das Zivilrecht von den Gerichten entwickelt worden und stehen teilweise sogar im Strafgesetzbuch; spezielle Normen enthalten auch verwaltungsrechtliche Gesetze und das Berufsrecht. Die Datenschutzgesetze sollten die anders nicht erfassten Risikobereiche regeln, aber eben nicht auch die Fälle, in denen Daten nur selten einmal falsch genutzt werden.

Wichtiger als die Schaffung neuer Regeln für die Zulässigkeit von Datennutzungen ist der Ausbau der Datensicherheit. Datensicherheit ist nicht nur ein Gebot des Datenschutzes im engeren Sinne, sondern dient auch der Wahrung der traditionellen Geheimhaltungsvorschriften; sie soll die Verteilung der Informationen auf die verschiedenen Berechtigten gewährleisten – ohne entsprechende Umsetzungsmaßnahmen sind die Zulässigkeitsregeln viel weniger wert. Auch das vom Bundesverfassungsgericht herausgearbeitete „Grundrecht auf Gewährleistung der Vertraulichkeit und Integrität informationstechnischer Systeme“ (BVerfGE 120, 274) umfasst diese beiden Aspekte: Es zielt neben dem Verbot der „heimlichen Infiltration“ fremder Computer („Online-Überwachung“) auch auf technische und organisatorische Maßnahmen der Abschirmung eigengenutzter Computer gegen unzulässige Eingriffe. Überall wo es offensichtlich ist, dass Dritte keinen Zugriff auf die Daten haben dürfen, wird die Datensicherheit zum eigentlichen kritischen Thema. Würden etwa die Datenfernleitungen und Netzknoten (und die Mobiltelefone prominenter Politiker!) wirksam gegen unerlaubte Eingriffe geschützt, hätte der NSA-Skandal nicht so geschehen können, wie er geschehen ist und offenbar immer noch geschieht.

III. Die prominentesten Problembereiche

1. Die Aktivitäten der Geheimdienste

Die größte öffentliche Aufmerksamkeit genießt gegenwärtig das Thema „Abhöraktivitäten der Geheimdienste“. Das Ausmaß an Missachtung fremder Rechte, das die National Security Agency der USA an den Tag gelegt hat, ist in der Tat einmalig. Dass diese milliardenteuren Bemühungen um die Ausforschung der gesamten Informationsumwelt – soweit man das von außen beurteilen kann – nur geringe Erfolge bei der Abwehr des Terrorismus gebracht haben, mag man als tragisch empfinden – es ist ein Beleg mehr für die These, dass die rein technikgestützte Informationsverarbeitung die in sie gesetzten Erwartungen nicht erfüllen kann. Die deutsche Politik kann die Amerikaner offenbar nicht von ihrem Weg abbringen; sie sieht die stillschweigende Hinnahme der Abhörmaßnahmen möglicherweise als Preis dafür an, dass die andere Seite unsere eigenen Geheimdienste mit Informationen versorgt hat und weiter versorgen soll, mit denen wir Terroranschläge im eigenen Land abwehren können (das ist in einigen Fällen wohl tatsächlich gelungen). Ob sich diese Praxis aufgrund der öffentlichen Kritik an den Geheimdiensten ändern wird, ist sehr fraglich.

Sollte – was der Himmel verhüte – in Deutschland ein ähnlich fürchterlicher Anschlag ausgeführt werden wie „Nine/Eleven“ oder „Charlie Hebdo“, so würden wohl für längere Zeit alle rechtlichen Vorbehalte gegen geheimdienstliche Aufklärung in Öffentlichkeit und Politik vom Tisch gefegt; nur die ganz konsequenten Bürgerrechtler würden weiter ihre Stimme gegen die „Aufrüstung“ der Sicherheitsbehörden erheben. Wir sollten die Zeit ohne solche aktuelle Aufregung dafür nutzen, uns zu vergewissern, welche genauen Grenzen den Befugnissen der Geheimdienste gezogen und wie sie kontrolliert werden sollen. Dabei wird auch Klarheit zu gewinnen sein, welche geheimdienstlichen Befugnisse bei aller rechtsstaatlichen Vorsicht notwendig sind. Es wäre gut, wenn zumindest ein gewisses Maß an gesellschaftlichem Konsens auch in dieser heiklen Frage zustande käme, damit sich nicht die Parteien im Katastrophenfall wieder nur in gegenseitigen Schuldzuweisungen ergehen. Allerdings sind die Aussichten auch insofern nicht günstig; der Streit der politischen Parteien und Gruppen macht sachliche Argumentationen immer schwerer.

Das betrifft auch die leidige Problematik der Vorratsdatenspeicherung. Wir sollten nicht mehr nur abstrakt diskutieren, ob mit der zeitweisen Bereithaltung von Telekommunikationsdaten (Verkehrs-, nicht Inhaltsdaten) in Grundrechte eingegriffen wird – dafür kommt es auf die Intensität der Grundrechtsbetroffenheit an, und diese ist keineswegs so stark, wie die Bürgerrechtler pauschal behaupten. Es sollte vielmehr entschieden werden, ob bestimmte konkrete Lösungen (etwa der Gesetzesvorschlag der Bundesregierung aus dem Sommer 2015) hinreichende Vorkehrungen zum Schutz unbeteiligter Telekommunikationsteilnehmer (z.B. Eingrenzung der Tatbestände, Richtervorbehalt usw.) enthalten, um den Sicherheitsbehörden die Befugnis zur Nutzung solcher Daten einzuräumen. Vielleicht ist dieser Streit in fünf Jahren beendet; wenn nicht, muss er auch dann noch ernsthaft und mit dem Willen zum Konsens fortgeführt werden. Denn mit der Wiederholung der Grundsatzpositionen und der immer neuen Beschwörung der Ängste ist nichts gewonnen – weder für die Grundrechte noch für den gesellschaftlichen Frieden.

2. Auswertung des privatwirtschaftlichen Datenbestandes

Neben den Abhörskandalen und dem Plan, die Telekommunikationsdaten systematisch auszuwerten, haben die Sammel- und Auswertungspraktiken der „sozialen Netzwerke“ am meisten Empörung und Verunsicherung ausgelöst. Die übliche Beschwörung des gewaltigen Datenberges unter dem Titel „Big Data“ weckt neue Ängste. Werden die Probleme des Data Mining, der systematischen Auswertung von Kundendaten und Internet-Verlaufsdaten etc. in naher Zukunft gelöst werden? Ein Blick auf den Entwurf der Europäischen Datenschutz-Grundverordnung lässt diese Hoffnung schwinden. Er folgt dem deutschen Ansatz einer umfassenden Regelung aller Formen des Umgangs mit Daten, enthält aber keine Lösungen für die umstrittenen Fragen, welche Daten etwa die sozialen Netzwerke für welche Zwecke gebrauchen dürfen und welchen Auflagen und Sicherungen gegen Fehlgebrauch sie sich unterwerfen müssen. Im besten Fall wird die Europäische Kommission in einigen Jahren einige Zweifelsfragen, die von anderen Instanzen nicht geklärt werden, durch „delegierte Rechtsakte“ entschieden haben, aber es ist keineswegs klar, dass sie dabei nicht wiederum auf unbestimmte Klauseln ausweicht und die Letztentscheidung den Gerichten überlässt. Dann ist der Europäische Gerichtshof gefordert, sich tiefer in die Materie des Datenschutzes einzuarbeiten als er es bisher (mit den Entscheidungen zur Vorratsdatenspeicherung und zu den Suchmaschinen-Verweisungen bei Google) getan hat. Zunächst wird den nationalen Aufsichtsinstanzen und Gerichten noch viel Raum für klärende Entscheidungen bleiben, insbesondere für die notwendige Kontrolle der Allgemeinen Geschäftsbedingungen der Internetunternehmen.

Ein Rest an Hoffnung auf Europa bleibt: Es könnte gelingen, die Vereinheitlichung des Datenschutzrechts mit einer Zuständigkeitsvorschrift voranzutreiben, nämlich durch Einführung des Marktortprinzips, so dass sich die internationalen Unternehmen nicht mehr die ihnen genehmste Verwaltungs- und Gerichtszuständigkeit aussuchen können. Damit wäre immerhin ein Ansatz geschaffen, die europäischen Standards gegenüber den amerikanischen Internetkonzernen zur Geltung zu bringen. Im Fall Google ist das bekanntlich schon einmal gelungen.

IV. Technikentwicklung und Politik

Viele erwarten über die Datenschutzreform im engeren Sinne hinaus von der Politik, dass sie wesentlichen Einfluss auf die Entwicklung der Technik nimmt. Tatsächlich werden Technikanwendungen in vielen Zusammenhängen rechtlich geregelt. Stoffe und Verfahren, deren Einsatz die menschliche Gesundheit, die Tierwelt oder die stoffliche Umwelt gefährdet, sind entweder verboten oder nur eingeschränkt zugelassen. Aber das regulierende Recht setzt nicht bei der Technikentwicklung, sondern erst bei ihrer Verwendung an: Was im Labor geschieht, wird in der Regel noch nicht auf seine Einsatzfähigkeit im Alltag geprüft; erst das Produkt interessiert den Gesetzgeber und die Verwaltung. Andernfalls würden neue Ideen und neue Gestaltungsformen in einem sehr frühen Stadium, nach Ansicht vieler zu früh behindert. Damit wären u. U. auch die Freiheit der Forschung und die Berufs- und Gewerbefreiheit beeinträchtigt.

Bei der Informationstechnik ist die Prüfung auf Verwendbarkeit im Alltag noch schwieriger als bei Geräten, Chemikalien und Werkstoffen; denn die Wirkungen von Informationsvorgängen lassen sich nicht theoretisch im Vorhinein experimentell untersuchen. Forscher und Entwickler sind frei darin, neue Anwendungen der Informationstechnik zu erarbeiten, ohne sich für Folgen rechtfertigen zu müssen, die unter noch unbekannten Bedingungen der konkreten Anwendung eventuell eintreten. Der Gesetzgeber kann aber vorschreiben, dass die vorhandenen Gestaltungsmöglichkeiten bei der Anwendung der Technik genutzt werden, um Rechtsgüter wie die informationelle Selbstbestimmung zu schützen: Privacy by design und privacy by default sind in der europäischen Verordnung verpflichtend vorgesehen. Adressat solcher Vorschriften sind nicht die Entwickler, sondern die Anwender; die aber können selbstverständlich schon Weichen stellen, wenn sie Entwicklungsaufträge vergeben.

Datensicherung und datenschutzgerechte Verfahrensgestaltung sind keine politischen Aufgaben, sondern Sache von Technikern und Informatikern. Der Gesetzgeber sollte nicht bestimmte Sicherungsmaßnahmen – etwa die Verschlüsselung aller Datentransporte – vorschreiben. Die Politik kann und soll keine Gebrauchsanweisungen vorgeben, sie kann und muss nur den Rahmen dafür setzen, wie Unternehmen, Behörden und Bürger mit der Technik umgehen, damit dabei die Rechte und legitimen Interessen der Beteiligten gewahrt bleiben. Es geht nicht um das richtige Schalten und Klicken an und auf den Geräten, sondern um das Verhalten von Menschen in sozialen Beziehungen.

Als Wunsch für die Zukunft folgt daraus, dass die Unternehmen, die mit Informationstechnik Geschäfte machen, möglichst frühzeitig und viel strikter Rücksicht auf die Interessen der Benutzer nehmen. Die Verbraucher können erwarten, dass ein möglichst hoher Grad an Datensicherheit gewährleistet ist. Die Datensicherheit wird immer wichtiger; die Gefahren, die es abzuwehren gilt, sind vor allem der kriminelle Missbrauch fremder Identitäten und die zahllosen Betrugsversuche, die tagtäglich im Internet unternommen werden. Außerdem sollen datenschutzfreundliche Voreinstellungen allgemein zum Standard werden. Die Unternehmen sollten sich auch klarmachen, dass die Kunden die unbegrenzte Weitergabe von Kauf-, Bestell- und Lieferdaten zunehmend missbilligen. Es kann dahin kommen, dass die Finanzierung von Internetangeboten durch Werbung, also extensive Nutzung der Kundendaten, auf lange Sicht unsicherer ist, als wenn für gehaltvolle Angebote ein Entgelt verlangt würde. Instrumente einer Versöhnung von Wirtschaftsinteressen und Datenschutzaufsicht sind auch die zunehmende praktizierte Selbstregulierung der datenverarbeitenden Wirtschaftszweige und die Erteilung von Gütesiegeln u. ä. durch unabhängige Instanzen.

V. Überwältigt uns die Technik?

Die Datenschutzdebatte ist schon jetzt teilweise überlagert durch eine Diskussion über die wachsende Abhängigkeit des Menschen von der Technik. Tatsächlich hat sich unser alltägliches Leben – im Beruf wie zu Hause – in den letzten zwanzig Jahren auf vielerlei Weise geändert. Wir benutzen technische Geräte, die es vor kurzem noch gar nicht gab, und glauben schon nicht mehr auf sie verzichten zu können. Gehetzte Manager geben fernen Mitarbeitern während der Bahnfahrt Anweisungen und lassen sich neueste Papiere mailen, Schülerinnen und Schüler telefonieren unentwegt, während sie sich auf dem Fahrrad zwischen den Autos durchwinden, in der S-Bahn beugen sich drei von vier Mitfahrern über einen Laptop oder ein Smartphone. Überall wird an Computern gelesen und getippt, gearbeitet und gespielt. Im Beruf wird erwartet, dass jede Mail sogleich beantwortet wird. Der Druck breitet sich bis tief ins Privatleben aus. Mit dem PC erledigen wir immer mehr Arbeiten, die wir früher an andere delegiert haben, seien es Reise- und Hotelbuchungen oder die Bestellung von Kleidung und Möbeln. Die schlauen Rechner füllen in Sekundenschnelle unsere Wissenslücken und zeigen uns Wege in fremden Städten wie im virtuellen Raum, und sie machen uns auf Angebote aufmerksam, die uns interessieren könnten.

Sind wir also der Technik schon ausgeliefert oder zumindest kurz davor, allesamt süchtig zu werden, so dass wir nicht mehr aus dem Bannkreis der Computer herauskommen? Bestimmen die Maschinen, wie wir entscheiden? Regelt die Software der allgegenwärtigen Computer unser Verhalten und verdrängt damit das Recht? Richtig ist wohl, dass wir uns sehr schnell an die Annehmlichkeiten gewöhnt haben, die wir durch PC und Internet genießen. In wenigen Jahren sind gewaltige neue Märkte der Kommunikation über die Weltteile hinweg entstanden, die ihrerseits ökonomisches Wachstum befördert und den Wohlstand großer Regionen vermehrt haben. Die Informationstechnik liefert überdies kraft „künstlicher Intelligenz“ tatsächlich manche Entscheidungshilfen, die unseren bisherigen Methoden überlegen sind. Aber so segensreich manche Folgen sind, so verheerend sind andere, etwa der zerstörerische Einfluss auf die Vielfalt der Kulturen, und auch die Gefahr ist nicht von der Hand zu weisen, dass wir bei ständiger Fixierung auf die technischen Denkhilfen die Fähigkeit zu selbständigem Entscheiden verlieren.

Trotzdem ist und bleibt es Science-Fiction, wenn behauptet wird, der Mensch sei der Technik unterlegen, könne sie nicht mehr beherrschen. Die vermeintlich omnipotenten „Algorithmen“ sind von Menschen erdachte Regeln; für sie sind die Urheber verantwortlich und nicht irgendwelche verselbständigten anonymen Mächte. Alle Ausprägungen der Technik gehen auf menschliche Entscheidungen zurück, mag auch der Anteil Einzelner schwer abgrenzbar sein. Wie eine Innovation ausgestaltet ist und welche Wirkungen sie hat, hängt dabei wesentlich von den Interessen der Auftraggeber ab; die aber sind nicht unveränderbar. Wenn Lawrence Lessig schreibt: „Code is law", meint er, dass Software und Hardware den „Cyberspace" zu dem machen, was er ist, und ihn so „regulieren", wie er ist (nämlich im Wesentlichen ein Instrument der Wirtschaft für ihre Zwecke) – so wie sonst Verfassung, Gesetze und „andere rechtliche Codes" (sic!) „regulieren".[2] In dem Slogan „Code is law" wird „Code" also nur im übertragenen Sinne mit „Recht" gleichgesetzt, und Lessigs Anliegen ist es gerade, die andere Form der Regulierung des Internet, nämlich das staatliche Recht stärker zur Geltung zu bringen. Wie er streiten viele andere – in aller Welt – dafür, die Entwicklung nicht sich selbst und den wirtschaftlich Interessierten zu überlassen, sondern durch politische Entscheidungen zu gestalten. Diese müssen in Rechtsnormen ihren Niederschlag finden. Entgegen allem Kulturpessimismus ist die rechtliche Einbindung und Einhegung der Technik sehr wohl möglich. Wenn wir der Entwicklung ungebremst Lauf lassen, werden in der Tat manche der Folgen eintreten, die von den Kritikern befürchtet werden, vor allem die immer weiter gehende Ökonomisierung und „Rationalisierung" aller Lebensvorgänge. Wenn wir uns aber der durch Technik begründeten Abhängigkeit bewusst werden, können wir gegensteuern. Eben das ist heute gefordert.

Nebenbei gesagt: Eine nicht geringe Gefahr besteht auch darin, dass eines Tages das Internet oder Teile davon zusammenbrechen.[3] Geschähe dies, so wäre das nicht nur ein Verlust an Lebensqualität und Komfort, sondern zunächst einmal eine wirtschaftliche Katastrophe, unter der Millionen Menschen schwer leiden würden. Ohne unsere heutigen Denk-, Schreib-, Rechen-, Planungs- und Steuerungshelfer könnten wir an den Rand der Anarchie geraten. In einigen Jahren wäre wohl auch dieser Rückschlag der Entwicklung überwunden; das menschliche Zusammenleben ist ja Tausende von Jahren ohne solche Techniken möglich gewesen. Aber dafür vorzusorgen ist möglich und sollte angegangen werden, indem etwa voneinander unabhängige Teil-Netze und subsidiäre Anlagen geschaffen werden, vor allem aber indem Bildung und Ausbildung der nächsten Generationen auf die Stärkung der menschlichen Fähigkeiten und nicht bloß auf mehr technikgestützten informationellen Komfort ausgerichtet werden.

2 Lessig, Code and other laws of cyberspace, 1999, S. 6; dt.: Code und andere Gesetze des Cyberspace, 2001; 2. Aufl. unter dem Titel: Code.Version 2.0, 2002.

3 Vgl. Fischermann/Hamann, Zeitbombe Internet, 2011.

VI. Die Rolle des Staates

Bei all diesen Entwicklungen wird der Staat eine wesentliche Rolle spielen. Er ist unverzichtbar bei der Auseinandersetzung mit mächtigen Privatinteressen und der Bewältigung innergesellschaftlicher Konflikte. Solange die Gesellschaft selbst die Fehlentwicklungen bekämpft, kann sich die Politik zurückhalten, aber die Gesellschaft oder einzelne ihrer Gruppen rufen immer wieder nach dem Staat. Die Erwartungen der Menschen an den Staat sind groß, oft übergroß; so ist es selbstverständlich, dass auch Schutz vor Datenmissbrauch und Technikübergewältigung vom Staat gefordert wird. Daran wird sich in absehbarer Zeit nichts ändern, auch nicht wenn neue Gesetze beschlossen werden, die mehr Rechtsschutz der Einzelnen gewährleisten.

In Europa fürchten viele die Geheimdienste mehr als den Terrorismus, erwarten aber Abhilfe ebenfalls vom Staat. Anders in den USA: Dort erwartet ein großer Teil der Menschen vom Staat grundsätzlich nichts Gutes. Man fürchtet sich vor der Macht der Staatsbürokratie so sehr, dass viele Bürger lieber auf Leistungen verzichten als einer Behörde zu vertrauen. Aber die Überwachungspraxis der Geheimdienste wird offenbar ohne großes Murren ertragen. Es gibt keinen umfassenden Datenschutz und keine Datenschutzbeauftragten, und die NSA kann die Menschen intensiv überwachen. Die Unterschiede im Bewusstsein der Öffentlichkeit werden immer deutlicher: Europa und die USA scheinen immer weiter auseinanderzudriften.

Freilich: Niemand weiß, wie es weitergeht. Die Welt steht nicht still. Nicht nur Technik und Wirtschaft ändern sich, sondern auch der Zeitgeist. Vielleicht sind manche der Fragen, die uns heute brennend interessieren, für unsere Nachfolger nur noch historische Reminiszenzen.

Über den Autor:

Hans Peter Bull, geb. 1936, Dr. jur., Professor (em.) für Öffentliches Recht und Verwaltungswissenschaft an der Universität Hamburg. Er war von 1978 bis 1983 der erste Bundesbeauftragte für den Datenschutz und von 1988 bis 1995 in den Regierungen Engholm und Simonis Innenminister des Landes Schleswig-Holstein. Von 2000 bis 2005 war er Mitglied bzw. Vorsitzender des Wissenschaftlichen Beirats des Deutschen Forschungsinstituts für Öffentliche Verwaltung (Speyer). Er ist Mitglied des Vorstandes der Deutschen Sektion des Internationalen Instituts für Verwaltungswissenschaften. Hans Peter Bull hat zahlreiche Veröffentlichungen zum Staats- und Verwaltungsrecht, zu Datenschutz, Informationsrecht und Netzpolitik, zu Demokratietheorie und Innenpolitik vorzuweisen.

Von Thomas Giesen

Euphorie ist kein Prinzip des Rechtsstaats

Die Datenschutz-Grundverordnung ist eine verfassungswidrige Fehlentwicklung; sie wird scheitern.

Die finale Verabschiedung der europäischen Datenschutz-Grundverordnung[1] steht vor der Tür: Der sog. Trilog zwischen Kommission, Parlament und Rat konnte nach einem ambitionierter Zeitplan am 15.12.2015 abgeschlossen werden.[2] Der folgende Beitrag stellt trotz dieses gemeinsamen und gänzlich ungebrochenen Willens der europäischen Akteure – es sind Aktivisten auf dem Gebiet des Datenschutzes führend – und trotz der in den letzten Jahren ausgebrochenen Euphorie „Hin zum Datenschutz; hin zu Europa" unangenehme, nämlich rechtsstaatlich strenge Fragen: Ist eine einheitliche europäische Kommunikationsordnung ohne vereinheitlichtes Verwaltungsrecht, Sozialrecht, Arbeits- und Wirtschaftsrecht vernünftig? Ist das Verbotsprinzip ein verfassungsgemäßer Regelungsansatz? Ist dabei zu differenzieren zwischen dem öffentlichen Recht und dem Privatrecht? Wie weit geht die Rechtsetzungskompetenz der Exekutive? Lässt das Prinzip der vertraglichen und begrenzten Einzelermächtigung (Art. 5 Abs. 1 S. 1 EUV)[3] überhaupt ein direkt geltendes und umfassend angelegtes unionsrechtliches Datenschutzregelwerk zu?

---

1 Interinstitutionelles Dossier 2012/0011 (COD) vom 11.6.2015, AZ 9565/15. Nicht näher bezeichnete Vorschriften (Artikel) sind solche dieses Entwurfs zur EU-Datenschutz-Grundverordnung (EU-DsGV).

2 Will, ZD 2015, 345 ff.

3 Dazu im Einzelnen Calliess in Calliess/Ruffert (Hrsg.), 4. Aufl. 2011, Art. 5 EUV Rn. 6 ff.

I. Grundsätzliches

Die Union läuft derzeit auf einem wesentlichen Gebiet in ein Risiko: Sie will die Datenschutz-Grundverordnung (EU-DsGV) als direkt geltendes Recht verabschieden, vergisst aber, dass ihre staatlichen Verwaltungsstrukturen und Wirtschaftsordnungen noch lange national geprägt bleiben werden. Sie übt zentrale Kompetenzen in einem Regelungsbereich aus, der sich recht bald verselbständigen und die unverändert bleibenden Rechtssysteme in den Mitgliedstaaten bedrängen und gefährden wird. So, wie eine gemeinsame Währung nicht Grundlage, sondern Ergebnis einer gemeinsamen Wirtschafts-, Finanz- und Sozialordnung sein müsste, so kann auch der unionsrechtlich vereinheitlichte Schutz personenbezogener Daten, also eine Informationsordnung, nicht Prinzip, sondern nur Ergebnis einer gemeinsamen Verwaltungsstruktur, gemeinsamen Verwaltungsverfahrensrechts, einer gemeinsamen Grundrechtslehre, eines gemeinsamen Handels-, Gesellschafts- und Wettbewerbsrechts sowie eines gemeinsamen Zivil-, Arbeits- und Sozialrechts sein. Wer eine gemeinsame Datenschutzordnung schaffen will, vermag dies nur auf der Basis einer gemeinsamen Rechtsordnung. Anderenfalls wird das Vorhaben scheitern oder disparitätische, inkongruente, verquere und gänzlich intransparente Rechtsverhältnisse schaffen.

Datenschutz als angebliche Spezialmaterie, beginnend mit der einsamen Entscheidung von Willi Birkelbach[4], vor 50 Jahren Chef der hessischen Staatskanzlei, die automatische Datenverarbeitung staatlicher Eingriffsverwaltung zu ordnen und demokratisch zu legitimieren, über das Volkszählungsurteil des Bundesverfassungsgerichts von 1983 (Ausformung eines Grundrechts) und die Datenschutzrichtlinie der EG von 1995[5] als deutscher Exportschlager, bis hin zur Umtriebigkeit der EU in Sachen Datenschutz in den letzten Jahren, wird sich so nicht fortentwickeln lassen: Wegen der Ubiquität automatischer Datenverarbeitung, wegen der Bedeutung des Internet ist Datenschutzrecht eine *Begleitmaterie* nahezu aller Rechtsgebiete geworden. Denn Informationen begleiten jedes Rechtsgeschäft und jedes Verwal-

4 Willi Birkelbach, 1913 bis 2008, Politiker der SPD: Mitglied des Deutschen Bundestages 1949 bis 1964; Mitglied der parl. Versammlung der EGKS, dann des Europäischen Parlaments 1952 bis 1964 (ab 1957 dort Fraktionsvorsitzender); ab 1964 Chef der Hessischen Staatskanzlei; 1971 bis 1975 erster Datenschutzbeauftragter der Welt.

5 Richtlinie 95/46/EG des Europäischen Parlaments und des Rates vom 24. Oktober 1995 zum Schutz natürlicher Personen bei der Verarbeitung personenbezogener Daten und zum freien Datenverkehr, ABl. Nr. L 281 vom 23.11.1995, S. 31; Dok. Nr. 31995L0046).

tungshandeln; sie sind der Stoff, der deren materielle Inhalte formt. Datenschutz wird jedoch zu sehr wahrgenommen als Zeitgeist und als euphorische Überzeugung von guten Mitmenschen, die dem Staat, den Geheimdiensten und den (natürlich „bösen“) Konzernen mit seiner Hilfe die „Übermacht“ abgewöhnen wollen. Der Einzelne soll „Herr seiner Daten“ sein. Das ist ein hoffnungslos falscher Ansatz, der, so ist zu hoffen, einer juristisch staubtrockenen Distanziertheit weichen wird: Datenschutz muss integraler Teil der rechtsstaatlichen Ordnung werden. Dann aber muss Daten*verarbeitung* auch endlich als Freiheitsrecht begriffen werden.

II. Was sind Daten?

Würde man sich nur dem Aussage-Inhalt einer Information zuwenden, bliebe das Datenschutzrecht trivial. Die Komplexität des Problems entsteht aus der Natur personenbezogener Daten. Sie sind *immer mehrfach personenbezogen*, obgleich §3 Abs.1 BDSG definiert: *„Personenbezogene Daten sind Einzelangaben über persönliche oder sachliche Verhältnisse einer bestimmten oder bestimmbaren natürlichen Person“*. Anders, ein wenig verkürzt: Daten sind Angaben *von* Menschen *an* Menschen. Sie haben immer einen Urheber, von dem sie stammen, der sie verlautbart oder verschriftet, und einen anderen, der sie empfängt, aufnimmt, liest, rezipiert; sie sind eine Nachricht, haben einen Verfasser und einen Leser, einen Sender und einen Empfänger.[6] Zur Existenz der *Angabe* an sich gehören also immer und notwendigerweise zwei Beteiligte. Eine Information[7] ist in einen Datenträger eingeschrieben und bedarf der Rezeption; sie ist immer auf Kenntnisnahme angelegt und enthält bereits als solche die Einzelangaben über die beiden Informationsbeteiligten (Verbindungsdaten), und – nicht notwendigerweise, weil schon die Tatsache dieser Verbindung eine Angabe ist – zusätzlich, dass der Eine eine Angabe *bestimmten Aussageinhalts* gemacht und der Andere diesen

6 Das ist beim Federball auch so. Und der „Angeber“ braucht ebenfalls sein Publikum. Vergessen wir nicht: „Datum“ ist das neutrale PPP von „dare“, lat. geben, also „das Gegebene“. Französisch: données (données personels). – Wir müssen nur fragen: Wer gibt, wer nimmt?

7 Der Begriff der „Information“ sollte endlich den der „Daten“ ablösen, wie dies jetzt in der Definition des Art. 4 (1) der EUDsGV geschieht.

Inhalt zur Kenntnis genommen hat (Inhaltsdaten). Angaben sind sozialer Austausch.[8]

Häufig, wenn auch nicht immer, handelt die Information der beiden Informationsbeteiligten inhaltlich von einem Dritten. Dann sind drei Personen informationell betroffen. Ob Inhaltsdaten und/oder Verbindungsdaten im Zentrum des Verwendungsinteresses und des Verwendungszusammenhangs (Datenverarbeitungs-Zweck) stehen, entscheiden die jeweiligen Nutzer der Information, und zwar selbständig und jeder für sich. Und im Netz kommen technisch notwendigerweise noch weitere Beteiligte (Nutzer und Betroffene zugleich) hinzu, meist Internetdiensteanbieter und Inhalts- und Zugangsprovider. Auch bei ihnen handelt es sich um Betroffene, wenn sie verantwortlich für Verbindung oder Inhalt sind.

Alle Daten sind „personenbezogen", weil sie auf Urheber und Nutzer als Betroffene (sowie gelegentlich auf inhaltlich Betroffene) verweisen – der Zusatz „personenbezogen" „ könnte folglich entfallen – und alle Daten sind folglich zumindest doppel-, oder mehrfachbezogen. Die Formel „Meine Daten gehören mir"[9] oder die Behauptung, es gebe im Privatrecht eine sozusagen absolute informationelle Selbstbestimmung, sind folglich so nicht zu halten. Denn die Betroffenen bilden einen informationellen Verbund. Wer über die Verwendung und den Verwendungskontext seiner eigenen Daten entscheidet, entscheidet damit über Rechte der mit ihm Informationsverbundenen. Das Datenschutzrecht und seine Kommentatoren kommen damit nicht zurecht; sie ignorieren den Mehrfachbezug jeder Angabe tapfer. Sie verdrängen nämlich die Personenbezogenheit der Urheberschaft und der Kenntnisnahme, also die Verbindungsdaten jeder Angabe und wenden sich nur dem *inhaltlich* Betroffenen zu.

Diese Personenbezogenheit aller einzelnen Betroffenen hat je nach ihrem Verwendungskontext einen bedeutenden Aussagewert, sie ist „interessant"; sie gibt der Aussage bereits „ein Gesicht". Der Verwendungskontext in Bezug auf einen einzigen der Informationsbeteiligten kann ohne den oder die anderen Beteiligten schwerlich zur Kenntnis genommen und rechtlich zugeordnet und gewichtet werden.

---

8 Dammann in Simitis (Hrsg.), BDSG, 8. Aufl. 2014, § 3 Rn. 4 ff. vermeidet es in seiner Kommentierung des Begriffs „Einzelangaben", diese jeder Angabe innewohnende Doppelbezüglichkeit darzulegen; erst in Rn. 41 ff. geht er – in Herleitung und Ergebnis unzureichend – auf die Möglichkeit ein, dass sich das Datum inhaltlich auf zwei oder mehr Personen beziehen könne.

9 Wahlkampfslogan der FDP im Bundestagswahlkampf 2013.

Folglich ist die informationelle Selbstbestimmung nur eine Formel des Bundesverfassungsgerichts, um jedem einzelnen der Informationsbeteiligten gegenüber dem Staat sein Grundrecht einzuräumen, also die normenklare, sprich meist bereichsspezifische gesetzliche staatliche Befugnis, den Grundsatz der Verhältnismäßigkeit, die strikte Zweckbindung zu sichern und ihm Rechtsschutz durch Verfahren und die Betroffenen-Rechte einzuräumen; nur so ist der jeweilige staatliche Verwendungskontext seiner Daten gesetzlich legitimiert.

Im privaten, keiner Legitimation verpflichteten Informationsverkehr, kann es zwischen den Informationsbeteiligten nur ausnahmsweise eine Rechtspflicht zur Einräumung einer Selbstbestimmung an einen bestimmten Beteiligten geben; dies nur dann und insoweit, als er offenkundig in seinem Persönlichkeitsrecht verletzt worden ist. Das setzt aber voraus, dass es dazu ein Regelwerk gibt. Weil aber die Privaten untereinander gleichberechtigte Partner im Informationsverkehr sind, ist die Selbstbestimmung das Ergebnis und nicht die Voraussetzung einer juristischen Bewertung.

Umgekehrt gedacht: Anonymität, sei sie absolut oder relativ,[10] muss sich folglich auf den Urheber, den Rezipienten und den möglicherweise inhaltlich Betroffenen der Angabe erstrecken.

Ehe diese Komplexität der Grundbegriffe „Angabe“ und „personenbezogenes Datum“ nicht klar erkannt ist, wird ein Datenschutzrecht auf tönernen Füßen stehen.

III. Informationelle Selbstbestimmung ist unmöglich

Informationelle Selbstbestimmung eines Einzelnen über ein personenbezogenes Datum ist folglich in dieser Allgemeinheit nur schwer herzustellen: Wer der Betroffenen soll bestimmen? Und wie soll der Urheber bestimmen, welches Zusatzwissen die Rezipienten haben, welchen Verwendungs-Kontext sie herstellen, der überhaupt erst den Inhalt, die Brisanz der Angabe und ihre eigentliche Dimension und damit ihre Schutzwürdigkeit bestimmt? Deshalb ist die These des Bundesverfassungsgerichts richtig: Es gibt keine belanglosen Daten.[11]

10 Dazu zuletzt Bergt, Die Bestimmbarkeit als Grundproblem des Datenschutzrechts, ZD 2015, 365 ff.

11 Eine grundlegende Erkenntnis im Volkszählungsurteil BVerfGE 65, 1, 44.

Ein Weiteres folgt aus der Natur der Angabe: Ihr Urheber kann zwar bestimmen, wann und wer seine Angabe zur Kenntnis nehmen kann; er kann sie verwahren, verschlüsseln und zielgerichtet versenden und diesem oder jenem die Rezeption verwehren oder ermöglichen. Aber er überlässt sie, einmal eröffnet, dem Rezipienten gänzlich schutzlos.[12] Er kann ihre Verwendung durch ihn nicht weiter selbstbestimmend beeinflussen. Allein der Rezipient entscheidet nach Kenntnisnahme faktisch selbständig über den weiteren Verwendungszusammenhang, also über den Zweck der Angabe, ihren Kontext und über weitere Empfänger. Der Urheber kann folglich allenfalls die Person des ersten Rezipienten bestimmen; danach hat er jeden eigenen Einfluss verloren. Und genau so geht es weiter: Jeder weitere Empfänger entscheidet wieder neu über die Verwendung und damit über den Zweck der Angabe. Informationsherrschaft kann also nur bedeuten, der Information ihre wandernde Natur zu nehmen, sie zu verschließen, ihr ihren Informationscharakter fürderhin zu nehmen. Die „Angabe“ wird dann zum gehüteten Schatz, zum Wissen[13]; sie verliert ihre Eigenschaft, weiterhin ein „Datum“ zu sein.

Der Urheber ist, will er sich die Datenherrschaft, also die Macht über die Verwendung der Information und den Verwendungszusammenhang sichern, auf eine *Vereinbarung* mit dem *ersten* Rezipienten angewiesen und ausschließlich darauf, dass *dieser* sie einhält. Angesichts der Flüchtigkeit von Information – sie ist ja auf Übermittlung und folglich auf Zweck- und Verwendungsänderung angelegt – ist das ein immanentes Risiko. Auch deshalb ist die Idee, Informationen seien beherrschbar, nur dann und soweit tragfähig, als eine rechtliche Verpflichtung dazu besteht, die überwacht werden kann. Der Aufwand dieser Überwachung ist aber überaus hoch, zumal die Wege, die Informationen nehmen, leichtfüßig gangbar, medienbrüchig, unspektakulär und vielfältig sind.

Die EU-DsGV geht im Erwägungsgrund 6 von der informationellen Selbstbestimmung aus: *„Jede Person sollte die Kontrolle über ihre eigenen Daten besitzen.“* Schon am Beginn des Gesetzeswerkes steht da eine *Fehlleistung von ausschlaggebender Bedeutung*. Denn jede Angabe ist – abgesehen davon, dass es keine „eigenen“ Daten geben kann –, sobald sie zur Angabe wird, dem Zugriff eines anderen eröffnet und seinem Nutzungswillen preisgegeben. Jeder, dem die Information zugeht, entscheidet neu und selbstbestimmt über deren Nutzung. Der Urheber und die bisherigen Nut-

12 „Doch dem war kaum das Wort entfahren, möcht' er's im Busen gern bewahren“; Die Kraniche des Ibykus, Friedrich Schiller.

13 Vorzugswissen, also der Ausschluss Dritter von Information ist Macht.

zer haben keine sichere Einwirkung, also keine „Kontrolle“ auf den Fluss und den weiteren Verwendungszusammenhang der Daten.

Will man, das Problem negierend, nicht auf die Natur der Information, sondern lediglich auf ihren sachlichen Aussage-Inhalt abstellen, so ist Folgendes zu bedenken: Viele Nachrichten von einem zum anderen sind bereits wegen der Verbindungsbetroffenen eine personenbezogen sehr inhaltschwere Aussage; mag sie auch inhaltlich nicht personenbezogen sein: „Morgen wird die Bombe gezündet“ hat keinen personenbezogenen Inhalt, aber umso mehr wird es interessant, wer der Urheber und wer der Empfänger dieser Information ist. Aus deren Person wird der mitgeteilte Inhalt seine Bedeutung erhalten. Sind es zwei politische Journalisten, wird die Bedeutung eine andere sein, als wenn es zwei Salafisten sind. Häufig wird aber nur der sachliche Inhalt von Interesse sein. Ist er personenbezogen („Hans wird morgen die Bombe zünden“), so ist neben den Informationsbeteiligten von Bedeutung, wer Hans ist. Aber wer soll nun bei alledem die Herrschaft über welches Datum haben?

Die informationelle Selbstbestimmung des einzelnen Betroffenen (also des Urhebers, des Rezipienten und möglicher weiterer Betroffener) besteht nur im Verhältnis des Einzelnen zum Staat. Nichts anderes sagen das Gutachten Steinmüller/Lutterbeck 1971 und das Volkszählungsurteil 1983: Wegen der Bindung der öffentlichen Verwaltung an den Vorbehalt des Gesetzes bedarf jeder Umgang öffentlicher Stellen mit personenbezogenen Daten wegen deren Einwirkung auf das allgemeine Persönlichkeitsrecht einer gesetzlichen Legitimation.[14] „Bürger“ müssen wissen können, wer was wann und bei welcher Gelegenheit über sie weiß; nur dann haben sie individuelle Handlungsfreiheit, ohne die das Gemeinwohl in einem freiheitlichen Gemeinwesen beeinträchtigt ist. Hier geht es folglich um die Grundrechte als Abwehr- und Teilhaberechte.[15] Es geht darum, den Staat einzuhegen, seine Verwaltung in den gesetzlichen Griff von Zuständigkeit, Aufgabe und Befugnis zu bringen. In öffentlichen Stellen müssen Urheber und Rezipienten hierarchisch verantwortlich, inhaltlich Betroffene immer erkennbar sein. Dort sind Akten

14 BVerfGE 65, 1,43 ff.

15 Murswiek in Sachs, GG, 6. Aufl. 2011, Art. 2 Rn. 121,122. Abwehr insoweit als jede Datenverwendung öffentlicher Stellen einer gesetzlichen Aufgabe und Befugnisse entweder im allgemeinen Sinn der Geeignetheit, der Erforderlichkeit und der Zumutbarkeit der Datenverarbeitung zur Erledigung der Aufgabe oder darüber hinaus gehender besonderer ausdrücklicher gesetzlicher Befugnisse bedarf. Teilhabe insofern, als dem Betroffenen gegenüber öffentlichen Stellen Auskunftsrechte etc. zustehen.

und Datenträger zu führen und zu archivieren. Mit der Freiheit der Einzelnen und ihrer freien Kommunikation untereinander hat das nichts zu tun.

Sei es die Natur einer Information oder ihr sachlicher Inhalt: Personenbezüge sind vielfältig vorhanden. Angesichts dessen ist eine Informationsherrschaft schwerlich bestimmbar. Würde die Lehre von der informationellen Selbstbestimmung[16] in dieser Allgemeinheit auf den Zivilrechtsverkehr übertragen, so handelte es sich um eine Fiktion, um einen grandiosen Irrtum.

IV. Freiheit für die Daten

Die Datenschutzverordnung geht jedoch auch im Zivilrecht von einem Recht der Datenherrschaft (wessen auch immer) und wegen der Brisanz jedes Datums von einem grundlegenden Verbot der Erhebung und Verarbeitung aus und verlangt für jeden Umgang mit Daten eine Befugnis (genauso wie bei spaltbarem Material). Das ist bei Daten nicht nur, wie ich versucht habe zu begründen, ein praktisch unmöglicher und rechtssystematisch verfehlter, sondern auch ein *freiheitswidriger Ansatz*, wie sich aus folgendem ergibt:

Jeder Mensch hat seine komplex funktionierenden Sinnesorgane *(und zudem sein elektronisches Equipment)* auch dazu, personenbezogene Daten (Texte, Bilder, Stimmen, Musik, Geodaten etc.) aufzunehmen, zu entschlüsseln und zur Kenntnis zu nehmen, sie zu speichern, zu verarbeiten, sie also umzuformen, zu verknüpfen, weiterzugeben und anderweitig nutzbar für sich und andere zu machen, ihre Zwecke und Kontexte zu sichern, zu erweitern und zu ändern. Das heißt: Datenerhebung und Datenverarbeitung ist unsere natürliche Bestimmung, das Fluidum, in dem wir unsere soziale Existenz finden, unsere soziale Stellung vervollkommnen und uns entwickeln, unsere Persönlichkeit entfalten. Ohne Rezeption personenbezogener Daten sind wir auf ein Vegetieren zusammengeschnurrt. Das gilt erst recht auf dem Gebiet der automatischen Datenverarbeitung. Der einzige Schatz, den jeder hat, ist seine Rezeptionsfähigkeit, seine Neugier, sein Lernen-Können; das vollzieht er vor allem mit Hilfe der Angaben, die er über andere, seien sie direkt oder nur als Medium Betroffene, erfahren kann, über eigenes Erfahren

16 Zur (eben fehlenden) Genialität und Sorgfalt bei der Entstehung des Begriffs: Steinmüller und Podlech „Das informationelle Selbstbestimmungsrecht – wie es entstand und was man daraus lernen kann. Eine Ursprungslegen.de", FIfF-Kommunikation (Forum Informatiker für den Frieden) 2007, S. 15 ff. Übrigens: Nicht das Recht ist informationell, sondern die Selbstbestimmung; also richtig: „Recht auf informationelle Selbstbestimmung".

und Erleben von Personen, über Familie, Nachbarn, Lehrer, Gruppenmitglieder, Medienschaffende und alle sozialen Kontaktpersonen. Der Einzelne hortet deren Daten, ordnet und verknüpft sie, gibt ihnen ihr Gewicht und hütet diesen Daten-Schatz vor Dritten, um sie als Konkurrenten zu überflügeln. Gerade heimliches Wissen, Vorzugsinformation, Verknüpfung mit Zusatzwissen macht frei. Gesammelte Information wird vom Rezipienten sogleich aus der unendlichen Fülle gefiltert, ausgewählt, geordnet, gebündelt, umgeformt, vernetzt, in eine persönliche Struktur gebracht und abrufbar bereitgehalten (Apperzeption und Kognition). Sie prägt diese Person, die sich – alle ihre gespeicherten Daten nutzend und dosierend freisetzend – äußert. Sie wird damit ebenfalls zum Objekt der Rezeption durch andere.

Ohne Rezeption und Freisetzung von Information könnte sich eine Person nicht entwickeln, eine Persönlichkeit nicht entfalten. Die Authentizität des Einzelnen ist das ablesbare, erfahrbare Ergebnis seiner Datenverarbeitung. Individualität ist geronnene Information (plus Charakter).

Personenbezogene Daten sind keine Sachen und keine Rechte. Sie sind nicht Gegenstand des Eigentums oder des Besitzes. Die Idee, jeder Einzelne müsste „der Herr seiner Daten" sein, ist folglich eine unzulässige und eine naturwidrige Irrlehre; sie kommt in Art. 8 der Grundrechtecharta – dafür muss man dankbar sein – nicht vor. Auf wen sich die Information personal bezieht, hat per se und naturgemäß zunächst keinen Einfluss auf die Berechtigung zum Umgang mit ihr. Denn wer Person[17] ist, stellt sich dem Leben und allen Dritten ablesbar, erfahrbar und mit allen ihn prägenden Eigenschaften; er stellt sich der Beobachtung und öffnet folglich seine Datensammlung (mehr oder weniger dosiert) wieder einer Datensammlung durch diese Dritten. Weil jeder Mensch ein soziales Wesen ist, ist er seiner Natur nach Objekt und Subjekt dieser Datensammlung. Ein grundsätzliches Datenverarbeitungsverbot im Sinne informationeller Unantastbarkeit des Einzelnen ist, wenn man nur ein wenig nachdenkt, eine naive Illusion. Es ist die unerlaubte Gleichsetzung von Grundrecht – es muss sich der Konkurrenz anderer Grundrechtsträger (und dem Gesetz) stellen – und unantastbarem Kernbereich.

Denn zugleich ist jeder – beileibe nicht nur im Netz – ein Verbergender und ein Beobachter, ein Speicherer, Sammler und ein Übermittler, ein Jäger von Information und ein informationell Gejagter. Geschützte Privatsphäre

17 Personare = durchtönen, sich der sozialen Gemeinschaft durch Äußerung öffnen, sich ihr zudem als Beobachtungsobjekt zu stellen (wenn auch hinter der Maske) und zugleich alle Daten über Mitmenschen zu erfassen und zu verwerten.

– man muss für ihren Schutz etwas tun – und Herrschaftswissen verleihen ihm Anerkennung, wirtschaftliche Kraft und soziale Kompetenz. Sie beruht wesentlich auf der Kenntnis der Daten der anderen Einzelnen und gezielter Nutzung und Übermittlung derselben. Sozialer Rang ist Ergebnis von Datenverarbeitung.

Das Anliegen des Datenschutzes, das Persönlichkeitsrecht – es ist das einzige Rechtsgut des Bundesdatenschutzgesetzes; im Recht der EU ist es lediglich ein Teil des Persönlichkeitsrechts, nämlich die Privatsphäre; beide Begriffe werden in den Rechtsordnungen nicht näher definiert – gegen Übergriffe durch Datenerhebung und Verarbeitung zu schützen, ist folglich mit der gänzlich unbedachten Prämisse „meine Daten gehören mir" nicht zu begründen. Eine Informationsordnung, die sich nur orientiert an ausgeübten oder gar einfach vorhandenen Rechten derjenigen, auf die sich die Informationen beziehen, wird der natürlichen und schutzwürdigen Entfaltungsfreiheit des Einzelnen nicht gerecht. Dies auch deshalb, weil der Betroffene ja nicht merkt, was mit den ihn bezüglichen Daten geschieht. Rechte sind Schall und Rauch, wenn ihre Verletzung unbemerkt bleibt und sie nicht durchsetzbar sind. Dass der Einzelne damit Objekt seiner sozialen Ablesbarkeit wird, ist nicht zu verhindern; das ist sozial gewollt. Denn jeder steht unter dem sozialen Diktat seiner Mitmenschen.

Eine Informationsordnung muss sich vielmehr an den richten, der die Informationen erheben und verarbeiten will: Ihm müssen gewisse Methoden, etwa die Bildung von Persönlichkeitsprofilen oder heimliche Beobachtung am Arbeitsplatz, verboten werden und gewisse Bereiche, etwa besondere Daten oder bewusst geschützte Sphären, verborgen bleiben. Richtschnur für alle Verarbeitungsbeschränkungen ist das Persönlichkeitsrecht des einzelnen Betroffenen. Zu den Methoden: Die Intimsphäre ist immer geschützt; die Privatsphäre ist immer dann geschützt, wenn sie als ein solcher Bereich eingehegt und erkennbar ist. Das Gleiche gilt für alle anderen ersichtlichen Abschirmungen und Arkana, etwa die vielfältigen Berufs- und Geschäftsgeheimnisse. Zu den Inhalten: Ferner müssen alle Datenerhebungen und Verarbeitungshandlungen verboten werden, mit denen das Persönlichkeitsrecht im Sinne des § 823 Abs. 1 BGB verletzt wird. Ehrenrühriges, Falsches oder bewusst Schädigendes[18] sind bereits jetzt Gegenstand von Verbotsnormen in

18 Siehe Palandt/Sprau, BGB, 74. Auflage 2015, § 823 Rdnrn. 83 bis 132. Die Rechtsprechung zum Schutz des allgemeinen Persönlichkeitsrechts kommt weitgehend ohne das Datenschutzrecht zu gerechten Ergebnissen.

§ 823 Abs. 2 BGB.[19] Hingegen ist das grundlegende Verbot des § 4 BDSG und des Art. 6 der EUDsGV ein nicht tragfähiger Ansatz.

Ein Verbot als Prinzip[20] ist nur in Bezug auf die Datenverarbeitung durch öffentliche Stellen, also durch Behörden, Gerichte und Einrichtungen der öffentlichen Verwaltung zutreffend, weil sie rechtsstaatlich an den Vorbehalt des Gesetzes gebunden sind und folglich personenbezogene Daten nur zur Ausübung ihrer gesetzlichen Aufgaben und Befugnisse auf verfassungsgemäßer normenklarer Rechtsgrundlage erheben und verarbeiten dürfen.[21]

19 Ein Verstoß gegen Datenschutznormen kann ein Verstoß gegen ein „sonstiges Recht" (Persönlichkeitsrecht) oder gegen ein Schutzgesetz sein, Palandt/Sprau 74. Aufl. 2015, § 823 Rn. 85. Man wundert sich, dass die Rechtsprechung traditionell ohne Datenschutzregelungen auskam und dennoch einen umfassenden Persönlichkeitsrechtsschutz sichern konnte; die Rnrn. 83 bis 132 sind dazu ein Beleg.

20 In Art. 8 der Grundrechtecharta wird eine Dichotomie von Einwilligung oder gesetzlicher Grundlage als Befugnis genannt: Bei der Ausübung öffentlicher Gewalt ist jedoch für die Einwilligung kein Platz, weil das Gesetz „allgemein", also gleich für jedermann gleich, zu gelten hat. Nur da, wo uns der Staat „ohne Uniform", etwa als Fiskus, als Beschaffer oder als Wissenschaftler begegnet, ist Raum für Einwilligung. Diese Einwilligung ist aber zivilrechtlich kein Freibrief. Denn der Satz „volenti non fit iniuria" hat Grenzen: Zum einen müssen alle Konsequenzen bedacht werden, die meist über den Verfügungsrahmen des Betroffenen hinausgehen; weil er eingebettet ist in seine soziale Umgebung, wirken Datenverarbeitungen, die ihn auf den ersten Blick allein betreffen, meist über sein Persönlichkeitsrecht und das der informationell Mitbetroffenen hinaus auf die Rechte seiner Umgebungspersonen, etwa seine Angehörigen, seine Gruppe, seinen Betrieb, Verein, Wohnort etc. Sind Schweigepflichtige Berufe betroffen, so bewirkt die Einwilligung des Betroffenen nur eine Befugnis, aber keine Pflicht zur „Offenbarung"– Zum Zweiten darf der Einzelne nicht über die guten Sitten hinaus über seine Daten verfügen; auch über die Konstellationen des § 138 Abs. 2 BGB hinaus kann eine Einwilligung sittenwidrig und daher nichtig sein. – Und drittens muss sehr sorgfältig bedacht werden, dass Ungleichgewichte, disproportionale Verhältnisse, Unvernunft, unterschwellige Geltungssucht etc. still und massiv wirken. Die Freiheit des Willens ist auch ohne die Theorien von hirnorganischer Prädestination oder Determination ein Grundproblem (Prinz, Libet, Roth, Spitzer). – Viertens schließlich gibt es oft ein durchzusetzendes öffentliches Interesse am Erhalt der Rechtsgüter, über die der Betroffene meint, frei bestimmen zu dürfen.- Viele Anregungen dazu bei Ansgar Ohly, „Volenti non fit iniuria" Die Einwilligung im Privatrecht, Habilitationsschrift 2002, Mohr Siebeck.

21 Nichts anderes sagt das Volkszählungsurteil des Bundesverfassungsgerichts vom 15. 12. 1983, BVerfGE 65, 1, 43 ff., das sich mit der Konstellation befasste, dass die Statistikbehörden personenbezogene Daten aus Wohnungen etc. ohne hinreichende Rechtsgrundlage zu sammeln beabsichtigten. Die damaligen Rechtsgrundlagen wurden vom Gericht nicht für normenklar und die Verfahrensvorkehrungen für ergänzungsbedürftig gehalten. Der Gesetzgeber hat diese Mängel beseitigt; danach kam es zur Volkszählung.

Datenschutz ist gegenüber öffentlichen Stellen ein Grundrecht; gegenüber Privaten kann es nur dann und insoweit ein Recht sein, als die vg. Verletzungen des Persönlichkeitsrechts, das natürlich viel mehr ist als geschützte Privatheit, drohen und Tabus gebrochen werden.

Keinesfalls aber ist es gerechtfertigt, jedem Betroffenen Gelegenheit zu geben „zu wissen, wer was über ihn weiß". So sehr dieser *Grundsatz der Transparenz* gegenüber *staatlichen* Datensammlungen dienen (und dadurch dem Bürger seine *unbefangene* Teilhabe in der verfassten Gesellschaft ermöglichen[22]) mag, so sehr würde eine solche Offenlegungs- und Rechtfertigungskultur im Privatrecht alle Bemühungen des Einzelnen, Informationsvorsprünge vor seinesgleichen, Vorzugs- und Herrschaftswissen – das muss privat und geschäftlich erlaubt sein, weil Wettbewerb, Neugier und Informationspolster über Lebenserfolg oder -misserfolg entscheiden – zu sammeln, zum Erlahmen bringen. *Datensammlung ist Persönlichkeitsentfaltung.*[23] Neugier, Ehrgeiz, Findigkeit, Fleiß und heimlicher (im Unterschied zu rechtswidrigem) Datenaustausch zu Lasten der Konkurrenten sind die Grundlagen privater Überlegenheit und einer freien und innovativen Wirtschaftsordnung. *Die Ungleichheit ist der gesellschaftliche Treibsatz.* Wir kennen die erfolglosen und unmenschlichen Informationsgesellschaften der Gleichheit und Transparenz zu Genüge. Die Staaten, die selbst alles heimlich tun und zugleich ihren Bürgern jedes Geheimnis verbieten, nennt man totalitär. Im Rechtsstaat muss es umgekehrt sein.

Deshalb ist es ein einfältiger juristischer Fehler, aus dem Grundrecht auf informationelle Selbstbestimmung als Abwehrrecht gegen staatliche informationelle Ausbeutung im Wege unzulässiger Gleichsetzung von Bindung und Freiheit eine Drittwirkung für den privaten Datenverkehr zu folgern.

22 BVerfGE 65, 1, 43: „Wer damit rechnet, dass etwa die Teilnahme an einer Versammlung oder einer Bürgerinitiative behördlich registriert wird und dass ihm dadurch Risiken entstehen können, wird möglicherweise auf die Ausübung seiner entsprechenden Grundrechte verzichten. Dies würde nicht nur die individuellen Entfaltungschancen des Einzelnen beeinträchtigen, sondern auch das Gemeinwohl, weil Selbstbestimmung eine elementare Funktionsbedingung eines auf Handlungs- und Mitwirkungsfähigkeit seiner Bürger begründeten freiheitlichen demokratischen Gemeinwesens ist." Deutlicherer Hinweise auf die Grundrechtslage bedarf es nicht. Aus dem Volkszählungsurteil eine Drittwirkung abzuleiten ist schon deshalb schwerlich möglich, weil Bindung und Freiheit nicht zu verwechseln sind.

23 Sie steht nur Menschen zu, aber nicht öffentlich-rechtlichen Rechtsträgern.

V. Alle sind zugleich Opfer und Täter

Im Netz verkommt das Persönlichkeitsrecht wegen der Selbstdarstellungssucht der Einen und der Neugier der Anderen (beide sind aber identisch!) zu einer billigen Münze. Weltweit werden die Angaben gepostet und veröffentlicht, weltweit werden sie getrackt und verewigt. Und weltweit jammern die User um Datenschutz. *Daten sind das Zahlungsmittel im Netz.* Zuverlässig zu löschen ist da nichts mehr. Schon deshalb wird dort jedes Datenschutz-Versprechen zu einer doppelmoralischen, zumindest doppelbödigen, gelegentlich zynischen Farce. Die Selbstdarstellung im Netz ist gutes Recht des Einzelnen, sich frei zu entfalten: Er muss die Konsequenzen mannhaft ertragen.

Posten und usen ist auch Realisierung etwa der Pressefreiheit (Art. 5 Abs. 1 Sätze 2 und 3 GG); zu dieser angeblichen Vierten Gewalt kann sich jeder zählen: Als Journalist, Medienschaffender, Feuilletonist, Rezensent, Publizist oder Blogger kann sich jeder ausgeben und ausleben; soziologische Wichtigkeitsattribute stehen ihm deshalb nicht zu, ebenso wenig irgendeine Exemption aus der allgemeinen Rechtsordnung.[24] Für die Kunst- und für die Wissenschaftsfreiheit (Art. 5 Abs. 3 GG) gilt die Verfassung selbst als Grenze; auch sie sind Jedermanns-Grundrechte, wenn der Betreffende (kurz gesagt) frei schöpferisch gestaltet und eine bestimmte Formensprache zur unmittelbaren Anschauung bringt[25] oder er den Wissenschaftsbegriff verwirklicht, also nach anerkannten Methoden ergebnisoffen nach der Wahrheit sucht.[26] Das Grundrecht auf Vereinigungsfreiheit – im Text des Art. 9 Abs. 1 GG merkwürdigerweise nur Deutschen vorbehalten, jedoch international und folglich im weltweiten Netz anerkannt[27] – kommt ebenfalls im Internet zu neuer, ungeahnter Blüte. Alle diese wuselnden Grundrechte sind Kom-

24 Die Furcht mancher Behördenleiter und nahezu aller Politiker vor aktiven Ermittlungen gegen selbsternannte Blogger – besser gesagt vor dem Shitstorm und den Medien – ist schlicht amtswidrig, also eine Amtspflichtverletzung, denn die Presse findet ihre Schranken in den allgemeinen Gesetzen, dem Schutz der Jugend und der persönlichen Ehre, Art. 5 Abs. 2 GG. Letzteres ist nichts anderes als eine Emanation des Persönlichkeitsrechts, Bethge in Sachs, Grundgesetz-Kommentar, 6. Aufl. 2011, Art. 5 Rn. 163. Etwas anderes ist es, ob den Bloggern das Zeugnisverweigerungsrecht des § 53 StPO zusteht; fraglich, ob sie berufsmäßig, also eingegliedert in einen Medienbetrieb an Sendungen mitwirken oder nur nebenher gelegentlich veröffentlichen.

25 BVerfGE 30, 173, 189; BVerfGE 83, 130, 138.; näheres bei Bethge a. a. O. Rn. 183 ff.

26 BVerfGE 90, 1, 11 ff.; näheres bei Bethge in Sachs a. a. O., Rn. 206 ff.

27 Höffling in Sachs, a. a. O. Art. 9 Rn. 6 a unter Hinweis auf internationale für Deutschland verbindliche Vorschriften.

munikationsgrundrechte; sie prägen die Gesellschaft weltweit und mehr als je zuvor.

Folglich ist das Internet ein Ort, in dem die Grundrechte eine starke Wirkung entfalten und es Millionen ermöglicht wird, ihre darstellenden und sozial vernetzten Grundfreiheiten weltweit auszuleben. Sie alle an eine *grundlegende Verbotsnorm* zu binden ist geradezu absurd.[28] Denn diese Freiheiten verstehen sich von selbst; sie erwachsen aus der menschlichen Natur und sind keine Staatsderivate, sie werden nicht erworben und nicht verliehen. Jeder Staat[29], der für sich eine grundlegende Zuteilungs- und Regelungsbefugnis der Kommunikation usurpiert, verfällt der historischen Verdammnis. Er zeigt totalitäre Züge.

Aber nicht nur die Selbstverwirklichung durch Selbst- und Fremddarstellung und durch Konnex, sondern auch die freie und natürlich geheime, weil Vorzugswissen hortende, Informationsrezeption muss grundlegend vorbehaltlos erlaubt sein. Niemand, der sich im Netz bewegt, muss sich Kontrollen darüber gefallen lassen, ob dieses Surfen erfolgreich im Sinne eines Fundes war, ob es beruflichen, geschäftlichen, gruppenbezogenen, familiären oder nur privat-persönlichen Zwecken diente und wie die gefundenen Daten verarbeitet und an wen sie übermittelt werden. Nötig sind hingegen vielerlei klare Verbote, persönlichkeitsrechtswidrige Inhalte zu providen oder zu posten, etwa strafrechtlich bedeutsame Dinge oder Gemeinheiten. Personenbezogene IP-Adressen (die Authentifizierung erfolgt über Fingerprint) sind deshalb wie Autokennzeichen oder Versicherungsnummern weltweit und lebenslang fest und nachverfolgbar zu vergeben. *Es gibt keine Freiheit ohne persönliche Verantwortung.* Dass es viele, ja die meisten, Bereiche geben muss, in denen adressfrei gesurft werden kann, muss rechtsstaatlich garantiert werden. Und alle IP-Spuren sind zeitnah zu löschen, es sei denn, sie geben Anlass zu unverzüglichen und offenen strafrechtlichen Ermittlungen.

Ein Regelwerk, das von einem Verbot ausgeht und in der vielgestaltigen Kommunikationswelt einer weltweiten freien Gesellschaft Einzelerlaubnisse formulieren will, gerät ins Uferlose: Denn die Bereichsspezifika sind ausgeprägt und fein abzuwägen. Will man jedem sein Recht zuteilen, will man

---

28 Gegen die Gewalt des Faktischen, also gegen das Internet und seine Nutzer hilft kein Gesetz; bislang haben die Bemühungen der EU-Organe dort nur wenig ausgerichtet; daran wird auch das jüngste Urteil des EuGH zum Safe-Harbour-Abkommen (Decision 2000/520) vom 6.10.2015, C-362/14 aller Erfahrung nach nichts ändern.

29 Der Verfasser weiß sehr wohl, dass die EU kein Staat ist; sie nimmt es aber auf dem Gebiet des Datenschutzes vertragswidrig für sich in Anspruch.

diese Berechtigung im Einzelfall nachvollziehen und dazu noch den erforderlichen effektiven Rechtsschutz gewähren, dann wird das eine staatliche Bevormundung ungeahnter Dimension hervorbringen. Nur öffentliche Stellen stehen in einem Rechtsstaat unter dieser Vormundschaft. Der freie Einzelne hingegen darf in einer freien Kommunikationswelt lebendig agieren. Anderenfalls bedroht ihn eine „schöne neue Welt“[30], ein Überwachungsstaat um des Datenschutzes willen; ein Widerspruch in sich. Folglich ist das Totalverbot ein Irrweg; nötig sind lediglich allgemeine und bereichsspezifische Verbote: Ihr Text wird kurz und ihre Befolgbarkeit einfach sein. Denn das ist bislang ja auch außerhalb der digitalen Welt gelungen. Die Verbote müssen nur der modernen Entwicklung angepasst werden.

Das Grundrecht auf Daten*verarbeitung* folgt aus den Quellen aller Grundrechte, den Art. 2 Abs. 1 und Art. 1 Abs. 1 GG als Grundlagen einer freiheitsberechtigten Gesellschaft.[31] Es sind die gleichen Quellen, aus denen sich der Daten*schutz* speist. Auch Masing[32] und Grimm[33] betonen, dass eine Abwägung widerstreitender Grundrechte geboten ist, wenn Entfaltungsfreiheit auf Persönlichkeitsrecht stößt; die Kunst des Ausgleichs im Sinne der praktischen Konkordanz ist gefragt. Dazu müsste der Gesetzgeber klare und bereichsspezifische Maßstäbe setzen, die seine Verbote oder Kautelen vorhersehbar und durchsetzbar machen. Umso mehr kann das Grundsatzverbot keinen Bestand haben; da hilft es auch nichts, wenn der vom EU-Parlament eingefügte Erwägungsgrund 3a ausführt: *„Das Recht auf Schutz der personenbezogenen Daten kann keine uneingeschränkte Geltung beanspruchen; es muss im Hinblick auf seine gesellschaftliche Funktion gesehen und unter Wahrung des Verhältnism*äßigkeitsprinzips gegen andere Grundrechte

30 Aldous Huxley, „Brave New World“, 1932: Stabilität, Frieden und Freiheit werden vom Staat zugeteilt, verliehen und kontrolliert. Werden Datenschutzbeauftragte künftig die Idole sein? – Wie sehr sich die Regelungsansätze der EU-Datenschutzgrundverordnung mit George Orwells „1984“ (von 1948) vergleichen lassen, sollte literarisch verarbeitet werden.

31 Dazu Giesen, Das Grundrecht auf Datenverarbeitung, JZ 2007, 918 ff.

32 Johannes Masing, Richter des Bundesverfassungsgerichts, in der Süddeutschen Zeitung vom 9. 1. 2012.

33 Dieter Grimm, Richter des Bundesverfassungsgerichts a. D. in einem Referat in Berlin (BMI) am 17. 10. 2012 im Zusammenhang mit der amtlichen Vorstellung erster Ideen zur EUDsGV durch deren Promotoren (www.bmi.bund.de/shared/Docs/.../Datenschutz/rede_grimm.pdf?_blob).

abgewogen werden." Wer das schreibt, müsste auch die Konsequenzen daraus ziehen.[34]

Das tut aber die Verordnung gerade nicht; sie ändert an der dem Grundsatzverbot verpflichteten freiheitswidrigen Regelungstechnik[35] nichts. Im Erwägungsgrund 30 heißt es: *„Jede Verarbeitung personenbezogener Daten sollte nach Recht und Gesetz erfolgen."* Die gesamte Kommunikation wird verrechtlicht. Auch daraus kann künftig ein totalitärer Ansatz erwachsen.

Wenn es also in Art. 1 EUDsGV lautet, die Verordnung schütze *„die Grundrechte und Grundfreiheiten natürlicher Personen und insbesondere deren Recht auf Schutz personenbezogener Daten"*, dann sollte man die Frage stellen, wie dies einseitig auf die Person eines Betroffenen wirkt, wenn nicht zugleich dargelegt wird, dass die gleiche Person als Rezipient gefesselt wird. Es fehlt dort der Hinweis auf die Freiheit des Umgangs mit personenbezogenen Informationen, die, wie jede Freiheit vor dem Mitmenschen zu verantworten ist.

Der für die Verarbeitung Verantwortliche soll zudem alle personenbezogenen Daten auf rechtmäßige Weise und zudem in einer für die Person nachvollziehbaren Weise verarbeiten (Art. 1 Abs. 1 und 2): Er soll seine Verarbeitungszwecke zuvor festlegen, die eindeutig und rechtmäßig sein müssen. Dazu gehören umfängliche Informationspflichten (Transparenz und Modalitäten, Art. 12, 14 und 14 a) und die Ansprüche der Betroffenen auf

---

34 Der Satz zeigt zudem ein schwerwiegendes Fehlverständnis der freiheitlichen Verfassungsordnung: Nicht die Gesellschaft, sondern seine Natur eröffnet und trägt die Freiheit des Einzelnen. Freiheit ist Selbstzweck.

35 Das wird gern als Argument angeführt: Es handele sich lediglich um eine Regelungstechnik, weil die gesetzlichen Grundlagen und die Einwilligung hinreichende Öffnungsklauseln enthielten. Das ist aber nur vordergründig der Fall, weil derjenige, der sich auf seine Freiheit berufen kann, erwarten darf, dass der Staat sein Verbot darzulegen und zu begründen hat (Verhältnismäßigkeit, Wortlaut, Verfassungsmäßigkeit, Verfahrensgarantien etc). Dem freien Einzelnen die Darlegungs- Argumentations- und Rechtfertigungslast aufzuerlegen, ist jedoch etwas gänzlich anderes. Man kann sich das leicht am Unterschied zwischen einem Verbot und einer Gestattung im Verwaltungsverfahren und im Verwaltungsprozess klarmachen. Selbst soweit Datenverarbeitung von natürlichen Personen „zu persönlichen oder familiären Zwecken" frei gestattet wird, Art. 2 Abs. 2 Lit. d, dann soll der Einzelne die Darlegungs- und Beweislast dafür tragen, dass dem so ist. Er hat also seine Datensammlung und deren Zweck vor den Datenschutzkontrollbehörden zu öffnen. Ohne jede Chance auf Privatheit, ohne jeden Kernbereich des Grundrechts. Siehe Dix (wie zuvor Dammann in der 7. Auflage) in Simitis a. a. O. § 1 Rn. 154.

Berichtigung und Löschung und auf das Recht auf „Vergessenwerden“[36] (Art. 16, 17 und 17a). Spontaneität, zweckfreie und zweckoffene Freiheiten werden ausgebremst. Wenn Datenverarbeitung private Freiheit in sozialer Einbettung ist, dann geht sie doch die, deren Daten verarbeitet werden, im Grundsatz nichts an. Erst wenn deren Privatsphäre aufgeknackt wird, um dort Daten zu räubern, erst wenn Persönlichkeitsrechte verletzt werden, beginnt eine Rechenschaftspflicht, bei anderen, nicht schädlichen Formen und Inhalten jedoch nicht. Folglich steht am Anfang eine grundlegende Freiheit (die man gar nicht erwähnen muss, weil sie sich von selbst versteht), die dann durch Verbote und durch eigene Bemühungen um Privatsphäre, besser: Persönlichkeitsrecht, einzuschränken ist. Nur ein solches Regelwerk kann verfassungskonform und handhabbar, aber auch weltweit nachvollziehbar und vorbildhaft sein: Kann in den USA ein grundsätzliches Verbot denkbar sein?

Die beschworene Rechtmäßigkeit soll, folgt man der Verordnung im privatrechtlichen Verkehr, grundsätzlich durch den Betroffenen hergestellt werden; sie erwächst angeblich aus seiner Einwilligung, die ihrerseits an Bedingungen geknüpft wird, deren Einhaltung der Verarbeiter nachzuweisen hat (Art. 6 Abs. 1 Buchst. a und Art. 7). Zweckoffene Datenverarbeitung, Datenhortung heimlich und hinter dem Rücken, das distanzierte Beobachten von Vorgängen, nur weil sie interessant sind oder werden können, die Entfaltung eigenen Spürsinns durch Nachahmung und Ausbaldowern, das alles soll verpönt sein?

Ferner sollen ein Vertrag oder eine rechtliche Verpflichtung hinreichende Befugnisse gewähren (Art. 6 Abs. 1 Buchst. b); die Phase einer Vertragsanbahnung gewährt nur dann ein Datenerhebungs- und Verarbeitungsrecht, wenn der Betroffenen diese Vertragsanbahnung beantragt hat. Jegliche Vorsortierung möglicher Kunden ohne deren Kenntnis soll rechtswidrig sein.

Lebenswichtige Interessen auf Seiten des Betroffenen (Art. 6 Abs. 1 Buchst. d) oder berechtigte Interessen auf Seiten des Verarbeiters können nach der Verordnung ebenfalls zum Datenumgang legitimieren, letztere aber nur, wenn nicht Interessen des Betroffenen überwiegen (Art. 6 Abs. 1 Buchst. f). Dem Gesetzestext des Art. 6 EUDsGV ist außer dem Begriff der „Interessen“ kein Maßstab zu entnehmen, sieht man davon ab, dass Zweckänderungen in Abs. 3a an differenzierte Voraussetzungen geknüpft werden. Immer da, wo es um die Legitimation des ursprünglichen Zwecks

36 So die Überschrift über Art. 17; hinter diesem (bewusst) schlechten Deutsch verbirgt sich ein falsches, weil technisch nicht einzulösendes Versprechen, eine Beruhigungspille für den Zeitgeist. Er will sie; folglich hat sie Placebo-Effekt.

geht, sind die vielzitierten „Interessen" abzuwägen. Das ist nicht nur einfallslos, sondern einfach zu dünn. Damit kann ein Gesetzgeber sich nicht aus seiner selbst gesetzten Regelungsverantwortlichkeit (angesichts des Totalverbots) entlassen.

Das Verfahrens-Regelwerk für den Verarbeiter ist komplex und soll hier nicht weiter dargestellt werden. Solch eine Datenverarbeitung nach Maß wird eine Rechtfertigungsgesellschaft hervorbringen, die nicht nur unfrei, sondern auch wirtschaftlich ins Abseits geraten wird.

Ein Staat der sich brüstet, dem Grundsatzverbot Durchsetzung zu verleihen, wird zum Popanz. Denn er überhebt sich gewaltig, ist aber kraftlos, weil personalschwach und setzt sich wegen seines Vollzugsdefizits dem Vorwurf ungleicher Behandlung und fehlender und damit rechtsstaatswidriger Realisierungsgewissheit gegenüber jedermann aus. Diese Realisierungsgewissheit beruht auf dem Gleichbehandlungsgebot; sie ist Substanz jedes „allgemeinen Gesetzes" im Sinne Kants. Die bisherige Zufallsbekanntschaft mit der Datenschutzkontrolle ist ein Ärgernis; man frage die deutschen Datenschutzbeauftragten. Das vielbeschworene Opportunitätsprinzip ist verfassungswidrige Willkür.[37] („Wir lassen Dich in Ruhe, es sei denn, wir knöpfen Dich uns vor!").

VI. Exekutivischer Kontrollwahn

Weil die genannten Kriterien, insbesondere die „Interessen" keine hinreichend spezifizierten Abwägungsmaßstäbe bieten – von normenklaren Entscheidungsgrundlagen kann keine Rede sein – werden die Aufsichtsbehörden und deren Gremien umso mächtiger werden. *Sie* schaffen das eigentliche Recht; es wird ein Recht der Exekutive sein, jedoch ohne, dass wenigstens Inhalt, Zweck und Ausmaß der Grundrechtseingriffe – sie werden ja auf Seiten des Verarbeiters und auf Seiten des Betroffenen eintreten – in den gesetzlichen Vorschriften geregelt würden (Art. 80 Abs. 1 S. 2 GG).

37 Darauf weist Bohnert in Boujong (Hrsg.), Karlsruher Kommentar zum OWiG, 2. Aufl. München 2000, Einl. Rn. 144 ff., hin: Die Verwaltung handelt hier außerhalb des Rechts. Für ein Vertrauen in die Gründe des Amtsträgers gibt es keine hinreichende rechtsstaatliche Grundlage. Das Können wird durch ein Wollen ersetzt, Rn. 148/149. Siehe auch Lemke, OWi, Heidelberg 1999, § 47 Rn. 8 und 9.- Hier ist aus verfassungsrechtlicher Sicht noch viel zu tun; das BVerfG in NJW 1977, 1653 betont die gleichen rechtsstaatlichen Grundsätze für Strafverfahrensrecht und OWi-Recht; dann muss Verlässlichkeit der Rechtsanwendung auch im datenschutzrecht gelten.

Ferner enthält die Verordnung an vielen Stellen Öffnungsklauseln für nationale Bestimmungen. Sie erweist sich damit als sog. „hinkende Verordnung" im Sinne einer Richtlinie.[38] An allen diesen nationale Öffnungen erweist sich die *Unfähigkeit des Unionsgesetzgebers*, zu wirklich einheitlichen Lösungen zu kommen. Er schaukelt sich die Formen seiner Gesetzgebungstypen so zurecht, wie er sie gerade braucht; er vergisst zudem, dass er auch in Bezug auf eine Richtlinie gehalten ist, die Grundlagen im Sinne der Prinzipien für die nationale Gesetzgebung selbst vorzugeben. Für den Rechtsanwender wird das Dickicht direkt geltender, lediglich Maßstäbe setzender, ausschließlich nationaler sowie durch den Datenschutzausschuss erlassener Regelungen kaum zu durchdringen sein.

Umso mehr Macht werden die nationalen Aufsichtsbehörden haben, die ihrerseits ohne jedes Amtsgeheimnis zusammenarbeiten, also die „zweckdienlichen" Daten ihrer Kontrollopfer uneingeschränkt und über die Binnengrenzen hinweg auszutauschen berechtigt sind (Zusammenarbeit und Kohärenz, Art. 54 a bis 72).

Die eigentliche Entscheidungsmacht wird beim Europäischen Datenschutzausschuss angesiedelt, einem rein exekutivischen Organ der Union mit eigener Rechtspersönlichkeit, gebildet aus den nationalen Aufsichtsbehörden. Weil diese von Personen geleitet werden, die zwar von den Parlamenten gewählt werden, aber nicht abwählbar sind, hängt die demokratische Legitimation der Exekutive, die jedenfalls nach dem Grundgesetz und allen Länderverfassungen eine Dauerlegitimation des Regierungschefs gegenüber dem Parlament voraussetzt (Stichwort: konstruktives Misstrauensvotum), auf dem Gebiet des Datenschutzes zum Teil, nämlich in Bezug auf parlamentarische Sanktion, in der Luft. Die Aufgaben, die der Ausschuss haben wird, sind aber mindestens mit denen einer Staatsregierung vergleichbar, die Rechtsverordnungen erlässt – nein, sie gehen weit darüber hinaus, weil verlässliche, vorhersehbare, differenzierte, fach- und bereichsspezifische gesetzliche, also demokratisch legitimierte Maßstäbe für ihre unionsweit verbindlichen Beschlüsse (Stellungnahmen, Leitlinien und Verhaltensregelungen, im Einzelnen siehe Art. 57, 58 und 58 a, 64 ff.) nicht bestehen.

Wie die deutschen Länder – der Föderalismus ist von der Ewigkeitsgarantie des Art. 79 Abs. 3 GG erfasst – es schaffen sollen, sich ohne Verlust von Grundkompetenz an dieser supranationalen Entscheidungsinstanz zu beteiligen, ist schleierhaft. Eine Pflicht zum Abschluss eines entsprechenden

38 Schon der Begriff der Grund-Verordnung spielt mit den vertraglich zugelassenen Formen.

Staatsvertrags ist dem Grundgesetz und den EU-Verträgen nicht zu entnehmen. Das Bundesverfassungsgericht wird auf einem wesentlichen Teil seine Kompetenz[39] zum letzten Wort verlieren.

Niemand, auch kein anderes Organ der Union und kein Mitgliedstaat, kann sich direkt gegen die Beschlüsse des Ausschusses wenden oder gegen ihre Durchsetzung gerichtlichen Schutz suchen. Eine Anfechtung findet nur mittelbar statt, indem die Betroffenen die aufgrund der Beschlüsse des Ausschusses ergangenen Entscheidungen der nationalen Aufsichtsbehörden gerichtlich angreifen. Dabei wird der Rechtsschutz künftig wesentlich verkürzt: Es gibt keine Verfassungsbeschwerde des Einzelnen zum EuGH, sondern nur die Vorlage durch Gerichte.

Jede Bewegung in diesem Irrgarten wird nun auf Schritt und Tritt durch die Aufsichtsbehörden nachgeschaut und überwacht (Art. 46 ff.). Sie werden alles erfahren und haben allem gerecht zu werden. Datenschutz-Folgenabschätzung, Verhaltensregeln, Überwachung und Zertifizierung sind die Zauberworte. Standardvertragsklauseln und Binding Corporate Rules werden genehmigt oder eben auch nicht. Wichtiges Kampfmittel in der freien Wirtschaft wird der Datenschutz einschließlich der Öffentlichkeitsarbeit[40]: Eine moralische Keule, wie sie in letzter Zeit gewachsen ist. Angesichts der Beseeltheit und der vormundschaftlich angedienten Verbraucherschutz-Mentalität der Datenschutz-Kontrollbehörden – ihre Leiter sind meist ehemals parteipolitisch engagierte Zeitbeamte, die auf Wiederwahl hoffen müssen, um versorgt zu sein – ist auffällig, dass „böse Menschen“ in Deutschland keinen Datenschutz genießen: Haben sich Datenschutzbeauftragte je für Umweltsünder, Steuersünder, für Strafgefangene oder gegen staatsanwaltschaftliche Polylalie eingesetzt?

Man muss bedenken, dass die gesamte wirtschaftliche Tätigkeit – vielleicht mit Ausnahme der eigentlichen industriellen Fertigung, aber auch diese geht mit ständigen organisatorischen, technischen Neuerungen und damit mit personaler Verantwortlichkeit einher – von personenbezogenen Daten begleitet wird. Deren Erhebung erfolgt aufgrund nicht selten heimlicher Recherche; und ihre Auswertung erfolgt mit Hilfe von Methoden, die selbst-

39 Man denke wegen der Exemption in Art. 2 Abs. 2 Lit. e nur an die datenschutzrechtliche Rechtsprechung, die nicht die Sicherheits- und die Strafverfolgungsbehörden betrifft.

40 Datenschutzbeauftragte dürfen die Öffentlichkeit suchen, um sie zum Verbündeten zu gewinnen, BGHSt. 48, 126 ff. Das gilt aber nur für den Datenschutz in öffentlichen Stellen, weil sie dort nur das Einwirkungsmittel der Beanstandung haben; sie wird von klugen Beanstandeten „einfach abgeheftet“.

verständlich geschützte Geschäftsgeheimnisse sind. Die Sammlung von Informationsvorsprüngen zu Zwecken heimlicher Auswertung (das ist beileibe nicht immer Wirtschaftsspionage) bewirken den wettbewerblichen Vorteil, den jeder Beteiligte anstreben muss, will er nicht in der Gleichförmigkeit versinken und deshalb wirtschaftlich scheitern.

Zwar wird den nationale Gesetzgebern vorbehalten, die einzelnen Befugnisse zu bestimmen, aber schon jetzt dürfen die deutschen Datenschutzkontrollbehörden nach §38 BDSG mehr als jeder Staatsanwalt: Sie dürfen alle Geschäftsräume betreten, in alle Datenspeicher schauen; es gibt keinen Beschlagnahmeschutz in bezug auf Einsichtnahmen. Dies alles auch dann, wenn es dazu keinen greifbaren Anlass im Sinn eines Anfangsverdachts gibt. Die Aufsichtsbehörden sollen sich künftig an die Öffentlichkeit wenden können (Art. 53 Abs. 1 c Buchst. a aa). Die Betroffenen sind zwar bei Befragung vor Selbstbezichtigung geschützt; der Schutz der Schweigeberufe fehlt jedoch ebenso wie ein Richtervorbehalt.[41]

VII. Der Kaiser ist nackt: Der EU fehlt die Regelungskompetenz

Wer den Datenschutz regeln will, der regelt die behördliche und wesentliche Teile der gesellschaftlichen Kommunikation. Es sei daran erinnert, dass solche gesetzlichen Regelungen, insbesondere wenn sie mit *anlasslosen* staatlichen Kontrollbefugnissen verbunden sind, rechtstaatlich von grundstürzender Bedeutung sind. Informationserwerb, Informationsumgang und Informationsverweigerung sind feine Daumenschräubchen; sie waren Gegenstand aller totalitären Systeme. Der von der Union beabsichtigte Zweck – der Schutz des Einzelnen bei der Verarbeitung seiner Daten – ist sicherlich lauter; das von ihr geschaffene Regelwerk ist es jedoch nicht: Es fehlen materiell die Prinzipien und die erforderlichen differenzierten Regelungsmaßstäbe und formell wesentliche rechtsstaatliche Vorkehrungen gegen Rechtsetzung durch die Exekutive und deren umfassende Datenschutzkontrolle.

Umso wichtiger wäre es, dass sich die rechtssetzenden Organe an ihre Zuständigkeit hielten: Das aber ist nicht der Fall, denn die Europäische Union

41 Man wird fragen: Wer gewährt uns Datenschutz vor den Datenschutzkontrollbehörden?

hat keine ihr insoweit vertraglich übertragene Einzelermächtigung als Regelungsbefugnis.[42] Das ergibt sich aus Folgendem:

In ihrem Deckblatt beruft und stützt sich die Verordnung „auf den Vertrag über die Arbeitsweise der Europäischen Union, insbesondere auf Art. 16 Abs. 2.“

Diese Vorschrift lautet:

„Das Europäische Parlament und der Rat erlassen gemäß dem ordentlichen Gesetzgebungsverfahren Vorschriften über den Schutz natürlicher Personen bei der Verarbeitung personenbezogener Daten durch die Organe, Einrichtungen und sonstigen Stellen der Union sowie durch die Mitgliedstaaten im Rahmen der Ausübung von Tätigkeiten, die in den Anwendungsbereich des Unionsrechts fallen, und über den freien Datenverkehr.“

Der Vertrag gibt der Union folglich die Regelungsbefugnis nur auf den zwei Gebieten der Datenverarbeitung, nämlich der Datenverarbeitung durch die Organe der Union sowie der Datenverarbeitung durch Organe der Mitgliedstaaten, soweit diese das Unionsrecht anwenden.

Der Bereich des *„freien Datenverkehrs*“ bezieht sich keineswegs auf den *Schutz* der Daten, sondern (auch wegen des Kommas hinter dem Wort „fallen,“) nur auf die Freiheit des (grenzüberschreitenden) Informationsverkehrs („*Vorschriften … über den freien Datenverke*hr“). Nach keiner Textinterpretationsmöglichkeit kann sich in der deutschen Sprache die Formulierung *„und über* den freien Datenverkehr“ auf den Halbsatz zuvor „über den Schutz natürlicher Personen bei der Verarbeitung personenbezogener Daten“ beziehen. *Das Komma* und das zweite „über“ teilen die Vorschrift in zwei unabhängige Nebensätze; sie trennt eindeutig die Textpassagen zum Datenschutz von denen zum freien Datenverkehr und folglich die Rechtssetzungs-Befugnisse voneinander ab.

Das gleiche Ergebnis hat die Analyse des französischen und des englischen Textes; Übersetzungsprobleme sind hier nicht ersichtlich. Der Text der amtlichen Begründung gibt ebenfalls nichts anderes her.[43]

---

42 Holznagel/Dietze in Schulze/Zuleeg/Kadelbach (Hrsg.), Handbuch Europarecht, 3. Aufl. 2015, § 37 Rn. 51 ignorieren offenkundig den Vertragstext des Art. 16 AEUV; Kingreen in Calliess/Ruffert a. a. O. Art. 16 AEUV, Rn. 4 ff., hingegen zitiert den Text und begrenzt die Zuständigkeit zutreffend.

43 Amtliche Begründung des Verordnungsentwurfs KOM (2012) 11 vom 25. 1. 2012, S. 6 ff.

Das EU-Recht unterliegt den gleichen Auslegungsregeln wie das deutsche Recht. Ist der Text sprachlich eindeutig – und das ist er – verbietet er weitere Interpretationen. Aber zur Sicherheit sei auch gesagt: Auch der Kontext des AEUV oder des EUV, die Materialien und die (angeblich) authentischen Interpretationen durch den EuGH kommen bislang zu keinem anderen Ergebnis.

Es versteht sich von selbst, dass eine vertraglich gewährte Einzelzuständigkeit, Vorschriften über den freien Datenverkehr zu erlassen, keine Zuständigkeit dafür begründet, das gesamte Datenschutzrecht sowohl im öffentlichen Recht als auch im Privatrecht in den Mitgliedstaaten direkt wirksam durch Verordnung zu reglementieren. Vielmehr ist die Zuständigkeit darauf beschränkt, den freien grenzüberschreitenden Datenverkehr zu garantieren oder ihn gesetzlich einzuschränken.

Ganz unstreitig ist: Der Union stehen weder Befugnisse zu, das Verwaltungsverfahren zu regeln (Datenschutz in öffentlichen Stellen ist jedoch nichts anderes als Teil des Verwaltungsverfahrens), noch hat sie die vertragliche Kompetenz, das Wirtschafts- Arbeits- und Sozialrecht zu gestalten.

So bleibt die Befugnis der Union auf dasjenige beschränkt, was ihr auch bislang zustand. Schon bisher hatte sie in der Datenschutz-Richtlinie 1995 ihre Kompetenzen überschritten. Weil es sich aber bei dem bisherigen Regelungswerk lediglich um eine Vorschrift handelte, die der nationalen Umsetzung bedurfte, haben sich die Mitgliedstaaten wenig daran gerieben; auch das Bundesverfassungsgericht hat den Dingen keine wesentliche Bedeutung beigemessen, weil seine Kompetenz durch eine Richtlinie nicht wesentlich berührt wurde. Das wird nun jedoch anders: Denn das letzte Wort in Bezug auf eine Verordnung steht dem EuGH zu.

Auch aus der grundrechtlichen Ordnung erwächst der Union keine Zuständigkeit: In Erwägungsgrund 1 heißt es zwar: *„Der Schutz natürlicher Personen bei der Verarbeitung personenbezogener Daten ist ein Grundrecht. Gemäß Art. 8 Abs. 1 der Charta der Grundrechte der Europäischen Union sowie Art. 16 Abs. 1 des Vertrages über die Arbeitsweise der Europäischen Union hat jede Person das Recht auf Schutz der sie betreffenden personenbezogenen Daten.“*

Das Grundrecht des Art. 8 Abs. 1 EU-GRCh lautet: *„Jede Person hat das Recht auf Schutz der sie betreffenden personenbezogenen Daten. Diese Daten dürfen nur nach Treu und Glauben für festgelegte Zwecke und mit Einwilligung der betroffenen Person oder auf einer sonstigen gesetzlich geregelten legitimen Grundlage verarbeitet werden.“* Es richtet sich wie alle Abwehrrechte und wie alle Schutzpflichten an den Staat, also gegen die Organe der Union und gegen die Mitgliedstaaten. Eine unmittelbare Drittwirkung der EU-Grundrechte-Charta in dem Sinn, dass Private aus ihnen direkt verpflichtet wären, ist, ebenso wie im deutschen Verfassungsrecht, nach allgemeiner Auffassung abzulehnen.[44]

Art. 51 Abs. 2 EU-GRCh bestimmt ausdrücklich, dass die Grundrechtecharta den Geltungsbereich des Unionsrechts nicht über die Zuständigkeiten der Union hinaus ausdehnt und weder neue Zuständigkeiten noch Aufgaben der Union begründet, noch die in den Verträgen festgelegten Zuständigkeiten und Aufgaben ändert.

Es ist schwer vorstellbar, dass das Bundesverfassungsgericht sich angesichts der ersichtlich fehlenden Einzelermächtigung der EU zur umfassenden Gesetzgebung auf dem gesamten Gebiet der öffentlich-rechtlichen und der privatrechtlichen Datenverarbeitung damit zufrieden geben wird, dass es entmachtet wird.[45]

Die Rechtsprechung des EuGH – seine Mitglieder sind sorgfältig von den Mitgliedstaaten ausgesucht und vom Rat der EU einstimmig ernannt, entbehren also der demokratischen Legitimation – nutzt die Euphorie zur Europäisierung mit allem, auch berechtigtem Nachdruck, wie sein Urteil vom 6. 10. 2015[46] beweist. Es ist daher nicht zu erwarten, dass er sich der Thematik, die hier erörtert wird, kritisch stellt. Umso mehr ist zu hoffen, dass das Bundesverfassungsgericht spricht.[47] Ist das nicht der Fall, sind ähnliche

---

44 Calliess in Calliess/Ruffert a.a O. Art. 1 GRCh Rn. 6; differenzierend Zuleeg/Kadelbach a. a. O. § 8 Rn. 53, § 29, Rn. 12 unter Hinweis auf Schmidberger/Österreich EuGH C-112/00. Wie weit sich aus der Verordnung (anders als bei einer Richtlinie) ihrer Natur nach – gemessen an den widerstreitenden Grundrechten – auch Direktwirkungen ergeben, wird großzügig der „Gesetzgebung" des Europäischen Datenschutzausschusses überlassen.

45 Hier ist nicht der Ort, auf die Solange-II-Rechtsprechung des Bundesverfassungsgerichts einzugehen; jedoch sollen Zweifel daran angemeldet werden, dass der EuGH künftig die Freiheit der Datenverarbeitung hinreichend schützen wird. Dazu fehlen ihm hinreichend klare und demokratisch legitimierte Normen.

46 C-362/14.

47 Es wird dabei die „ultra vires"-Kontrolle ausüben und den EuGH zu einer Vorabentscheidung über die Grenzen der Rechtsschöpfung bringen, siehe EZB-Vorlage, eingereicht am 10. 2. 2014, 2 BvR 2728/13 u. a., und Urteil des EuGH vom 16. 6. 2015 (Gauweiler, C-62/14). Stichwörter sind: Honeywell-Beschluss; Lissabon-Urteil; wechselseitige Verfassungsstabilisierung unter Wahrung des Kernbestandes der Verfassungsidentität; Einhegung des „effet utile"; ausbrechender Rechtsakt; evidente und ins Gewicht fallende Kompetenzüberschreitung, gemessen am Prinzip der begrenzten vertraglichen Einzelermächtigung (siehe auch Borchardt in Schulze/Zuleeg/Kadelbach a. a. O. § 15, Rn. 25 ff.; Calliess in Calliess/Ruffert a. a. O. Art. 1 EUV, Rn. 41 und Art. 5 EUV Rn. 6 ff., 12; Streinz in Sachs a. a. O. Art. 23 Rn. 96 ff.).

Turbulenzen wie die in der Griechenlandkrise sicher. Die Mitgliedstaaten werden jeweils wie bisher eigene Wege suchen; eine weltweit akzeptierte Datenschutzordnung – nur eine solche kann das Persönlichkeitsrecht im Netz sichern – wird es mit einem grundlegenden Totalverbot und Erlaubnisvorbehalten nicht geben.

Über den Autor:
Dr. Thomas Giesen, Rechtsanwalt, Vorstand des Instituts für Informationsordnung e. V., Dresden. Von 1991 bis 2003 Sächsischer Datenschutzbeauftragter. Seit 2004 u. a. Durchführung von Datenschutzprojekten im Auftrag der EU in Lettland und Südosteuropa. Seit 2007 Partner bei Zwipf Rosenhagen Rechtsanwälte Partnerschaft in Dresden.

*Von Jürgen Kühling**

Datenschutz und die Rolle des Rechts

I. Datenschutz in einer Welt der totalen Verdatung des Lebens

Die totale Erfassung und Durchdringung aller Lebenswelten mit einer Datenverarbeitung zeichnet sich in der Gegenwart immer mehr ab und wird auch die Zukunft bestimmen[1]. „Ubiquituous Computing", das allgegenwärtige Rechnen, vor einer Dekade noch ein Thema für Spezialisten und schwer vermittelbar für Laien, ist ein Alltagsphänomen der meisten Menschen geworden. Ubiquität in seinem ursprünglichen Sinne als „Allgegenwart des Herrn" scheint dabei ein treffender Begriff zu sein, auch wenn der Rechner der künftige allgegenwärtige „Herr" (der Daten) sein mag[2]. Das Tempo der Entwicklung, so steht zu erwarten, wird sich künftig eher verschärfen als verlangsamen. Vielleicht leben wir, was das Informationszeitalter anbelangt, gegenwärtig sogar noch in einer langsamen Entwicklungsphase, auch wenn uns diese schon grundstürzend schnell erscheint. Treiber sind nicht nur immer schnellere und breitbandigere Datenverarbeitungsprozesse, sondern vor allem die totale Präsenz von Datenverarbeitungsgeräten in unserem Alltag.

---

* Die folgenden Ausführungen geben eine Quintessenz verschiedener, in den folgenden Fußnoten angeführter und überwiegend bereits veröffentlichter Forschungsarbeiten des Autors und seines Lehrstuhlteams aus der vergangenen Dekade wieder und gehen in Teilen zurück auf einen Beitrag in der FAZ vom 22.12.2014, S.6.

1 Siehe zu entsprechenden Beschreibungen exemplarisch etwa schon früh Schaar, Das Ende der Privatsphäre – Der Weg in die Überwachungsgesellschaft. 2.Aufl. 2007; ferner ders., Überwachung total – Wie wir in Zukunft unsere Daten schützen, 2014; siehe auch Kurz/Rieger, Die Datenfresser: Wie Internetfirmen und Staat sich unsere persönlichen Daten einverleiben und wie wir die Kontrolle darüber zurückerlangen, 2011.

2 Siehe dazu bereits Kühling, Datenschutz in einer künftigen Welt allgegenwärtiger Datenverarbeitung – Aufgabe des Rechts?, Die Verwaltung, Bd. 40 (2007), S.153ff.

Das Smartphone ist dabei ein wichtiger Beschleuniger gewesen. Eine Vielzahl von Apps greifen Unmengen an Daten ab, von Informationen über unseren Bekanntenkreis (Kontaktliste) bis hin zu ständigen Hinweisen über unseren Aufenthaltsort. Zugleich ist der Nutzer „always online" und zieht so eine breite Datenspur hinter sich her. Die Smartwatch kann dafür sorgen, dass auch in sehr privaten Bereichen wie der Gesundheit das „Wearable Computing" eine Verdatung ermöglicht. Obschon „Google Glass" selbst in den USA vorerst beiseite gelegt wurde, ist davon auszugehen, dass die schlaue Datenbrille mittelfristig, gegebenenfalls in modifizierter Form, ihren Durchbruch feiern wird. Noch ist das Haus nicht vollständig „smart", aber auch das wird kommen und letzte private Rückzugsräume datentechnisch durchdringen. Auch in anderen Bereichen – etwa im Verkehr – erfolgen parallele Entwicklungen. „Big data" ist das große Thema der Automobilindustrie. Noch eklatanter ist die Verdatung des sozialen Lebens. So werden soziale Beziehungen und Strukturen zunehmend digital aufgebaut und abgewickelt – damit aber zugleich datentechnisch erfasst. Facebook & Co. verfügen über personenbezogene Informationen in nie gekanntem Ausmaß. Das Konsumentenverhalten – Payback, Amazon & Co. – wird ohnehin immer professioneller datentechnisch vermessen.

II. Rufe nach staatlicher Datenaskese bei privatem „Daten-Heißhunger"

Dagegen nehmen sich die legalen Zugriffsmöglichkeiten der öffentlichen Hand auf Datenbestände vergleichsweise harmlos aus. Die Aufregung um den sogenannten „Bundestrojaner", die zur Geburt des Grundrechts auf Gewährleistung der Vertraulichkeit und Integrität informationstechnischer Systeme[3] geführt hat, dürfte angesichts seiner geringen Anwendungshäufigkeit eher überzogen gewesen sein. Die sogenannte Vorratsdatenspeicherung verlängert zwar die Speicherdauer ohnehin zur Diensteerbringung erforderlicher großer Datenmengen bei Telekommunikationsunternehmen. Diese Daten sind aber im Regelfall trotz extremer Beispiele, die gerne in der Öffentlichkeit angeführt werden, um die potenziellen Möglichkeiten der Auswertung jener Informationsquellen vor Augen zu führen, deutlich weniger aussagekräftig als jene skizzierten Datenbestände von Facebook & Co. Dies gilt auch deshalb, weil die Zugriffsrechte öffentlicher Entitäten

3 BVerfG, Urteil vom 27.2.2008 - 1 BvR 370/07, 1 BvR 595/07.

verhältnismäßig eng gefasst wird. Die jüngste Regelung der Speicherpflicht bei Verkehrsdaten in Deutschland[4] wirft angesichts der restriktiven Anforderungen des Bundesverfassungsgerichts[5] und vor allem des Europäischen Gerichtshofs[6] sicherlich noch gewisse Restfragen auf, hat aber gewiss nicht bloß einen Etikettenaustausch vorgenommen. Dabei ist auch zu berücksichtigen: Beide Gerichte sind im Rahmen ihrer Grundrechtsauslegung an die Europäische Menschenrechtskonvention gebunden.[7] Deren Europäischer Gerichtshof für Menschenrechte in Straßburg (EGMR) hat schon vor Jahren in einem tragischen finnischen Fall die staatlichen Pflichten in diesem Zusammenhang hervorgehoben.[8] Im konkreten Fall konnte ein Minderjähriger, über den anonyme Anzeigen auf einer „Dating-Seite“ zu sexuellen Kontakten zu ihm aufforderten, nicht gegen den Täter vorgehen, weil die nationalstaatliche Rechtslage eine Verwendung der vorliegenden personenbezogenen Daten zur Identifizierung des Täters nicht erlaubte. Dies stellte nach Ansicht des EGMR eine Verletzung der Schutzpflicht des Konventionsstaates dar. Ob diese Schutzpflicht in Deutschland künftig erfüllt werden wird, lässt sich beim Blick in den Straftatenkatalog, der Zugriffe auf die gespeicherten Daten erlaubt, durchaus bezweifeln. Der EGMR hat jedenfalls zu Recht thematisiert, dass ein staatlicher Zugriff auf Daten sehr wohl notwendig ist, um staatliche Schutzpflichten zu erfüllen. Die angemessene Balance hier jeweils zu finden, mag nicht einfach sein. Das einseitige Diffamieren entsprechender Zugriffsrechte bei gleichzeitiger Beanspruchung allein im „Namen der (Grund-)Rechte“ zu sprechen, irritiert jedenfalls bisweilen den um Objektivität bemühten Beobachter der öffentlichen Diskussionen. Eine derartig einseitige Fokussierung auf den Datenschutz entspricht jedenfalls nicht der grundrechtlichen Rechtslage.

Bürstet man die intensiv geführte Debatte um die Vorratsdatenspeicherung „gegen den Strich“, so offenbart sie durchaus ein Missverhältnis zwischen einer großen Skepsis selbst gegenüber begrenzten, dem Allgemeinwohl dienenden Zugriffsmöglichkeiten der demokratisch und rechtsstaatlich eingehegten öffentlichen Hand und der allzu oft klaglosen Hinnahme gigan-

4 BT-Drs. 492/15.

5 BVerfG, Urteil vom 2.3.2010, 1 BvR 256/08 u.a.

6 EuGH, Urt. v. 8.4.2014 – C-293/12 u. C-594/12, NVwZ 2014, 709 – Digital Rights Ireland Ldt/Minister for Communications, Marine, NVwZ 2014, 681 m. Anm. Kühling, NVwZ 2014, 681.

7 Siehe dazu und zum Folgenden schon: Kühling, Mittelbayerische Zeitung, 29.7.2015, S.3.

8 EGMR, No. 2872/02 vom 2.12.2008, ECHR 2008V, 125.

tischer Datenbestände bei privaten Unternehmen, die regelmäßig umfassenden kommerziellen Verwertungsinteressen – nicht notwendig zum Wohle der Nutzer – ausgesetzt sind. Gerade das Bundesverfassungsgericht ist regelmäßig auch nur mit Datenverarbeitungen durch die öffentliche Hand befasst gewesen.[9] Nicht selten lassen sich aber nach wie vor in der Verwaltungspraxis Fälle anführen, in denen datenschutzrechtliche Vorgaben sinnvolle Austauschmöglichkeiten – etwa beim Übergang von Kindern aus Kindergärten in Grundschulen – erschweren oder gar verhindern. Interessanter ist auch aus sicherheitspolitischen Gründen im Übrigen zunehmend der Zugriff auf Datenbestände Privater. Probleme verursachen hier auch nicht die legalen Zugriffe, sondern eher die illegalen Datenabschöpfungen wie sie im Zuge der „Prism-Tempora"-Skandale der US-amerikanischen und britischen Geheimdienste in erschreckendem Ausmaß deutlich wurden. Insoweit ist es gut, dass die jüngsten Urteile des EuGH in Sachen Google und Schrems den Blick der juristischen Debatten erheblich geweitet hat.

III. Datenschutz zwischen Alarmismus und Ignoranz

Im Übrigen leidet die Datenschutzdiskussion in besonderem Maße unter einem Oszilieren zwischen Alarmismus und Ignoranz, was oftmals einen konstruktiven Dialog erschwert. Während auf der einen Seite mit Verschwörungstheorien und hypothetischen oder künftig denkbaren Risikoszenarien Ängste geschürt oder eine wirklichkeitsfremde Datenaskese gepredigt wird, ist die mangelnde Sensibilität für Datenschutzfragen auch bei wichtigen Datenverarbeitern auf der anderen Seite teils erschreckend. Jede gut gemeinte Regelung hat zudem mit dem Phänomen zu kämpfen, dass eine Diskrepanz zwischen hoher abstrakter Wertschätzung des Datenschutzes und geringer Bereitschaft zur aktiven Mitwirkung oder zum Verzicht zugunsten des Datenschutzes besteht – etwa im Fall der bereitwilligen Bereitstellung umfassender Konsumdaten für ein paar Bonuspünktchen.

Die Herausforderungen der Zukunft sind demnach enorm: Die Aufrechterhaltung des Datenschutzes in einer Welt der totalen Datenverarbeitung mit einer eher zunehmenden Menge von Betroffenen, die keinen großen Wert auf Datenschutz und Privatsphäre legen, jedenfalls nicht, wenn dies die Qualität der Diensteangebote verschlechtert.

---

9 Siehe dazu die Hinweise bei: Kühling, Datenschutz gegenüber öffentlichen Stellen im digitalen Zeitalter, Die Verwaltung (44) 2011, S. 525.

IV. Rolle und Grenzen des Rechts

Für den Juristen stellt sich hier die Frage, welche Rolle das Recht insoweit überhaupt spielen kann. Wie weit reicht die Aufgabe des Rechts, das sicherlich vor den Herausforderungen des Datenschutzes nicht aufgeben darf. Zweifellos spielt die Rechtsordnung eine wesentliche Rolle für die Gestaltung des Datenschutzes in der Praxis. So hat ein grundverschiedener Ansatz eines rechtlich sehr weit gehend zulässigen Datenumgangs in den USA sicherlich einen wesentlichen Beitrag dazu geleistet, dass das Datenschutzniveau jenseits des Atlantiks deutlich geringer ist als diesseits. Eine sinnvoll ausgestaltete Rechtsordnung ist also von großer Bedeutung. Gleichwohl ist darauf hinzuweisen, dass trotz aller Hoffnung auf die (potenzielle) Steuerungskraft des Rechts ein wirksamer Datenschutz gewiss nicht allein auf die Rechtsordnung bauen sollte. Die Anpassung des rechtlichen Rahmens muss vielmehr flankiert werden durch Transparenz, Information und Aufklärungsarbeit, die den Betroffenen Möglichkeiten zum Selbstschutz verschaffen. Wichtig ist insoweit auch ein Datenschutz durch Technik, wie ihn auch die europäische Datenschutzgrundverordnung beflügeln möchte. Datenschutzfreundliche Voreinstellungen sind der Ausgangspunkt. Nutzer sollen im Übrigen ertüchtigt werden, selbst zu schauen, was wo mit ihren Daten passiert und wie sie sich – sofern gewünscht – jeweils datensparsam verhalten können. Hier können auch Institutionen wie die „Stiftung Datenschutz“ eine wichtige Rolle spielen. So ist etwa die Stärkung der Medienkompetenz der Betroffenen durch Aktivitäten wie den „Datenführerschein“ ein gutes Beispiel für unterstützungswürdige Aktionen verschiedener Akteure. An Schulen sind schon jetzt das Thema des Datenschutzes und die Notwendigkeit, einen kompetenten Umgang mit privaten Daten zu vermitteln, angekommen, auch wenn die Erfolge entsprechender Sensibilisierungsveranstaltungen noch überschaubar sein mögen.

V. Vielfalt der Herausforderungen für die Rechtsordnung

Dabei zeigen sich gerade beim Datenschutz die Herausforderungen und Schwierigkeiten einer rechtlichen Steuerung in ganz besonderer Weise. Denn die Vielzahl denkbarer Datenverarbeitungskonstellationen ist rechtlich schwer einzufangen. Nicht zuletzt angesichts eines missverstandenen und extensiv interpretierten Gesetzesvorbehalts sowie verteilter Gesetzgebungskompetenzen zwischen Bund und Ländern ist der real existierende Gesetzgeber in Deutschland in die „Verrechtlichungsfalle“ „getappt“. Ein kaum durchschaubares Dickicht datenschutzrechtlicher Regelungen erschwert die Rechtsanwendung und damit die Effektivität des Datenschutzrechts ganz erheblich. So müssen beispielsweise im wachsenden Gesundheits(daten)markt selbst Experten in verstrickten Verweisen und vielfältigen Regelungen fahnden, um überhaupt die richtige Rechtsgrundlage für Datenverarbeitungsprozesse zu identifizieren.[10] Als Datenschutzrechtler bedarf es also schon insoweit einer gehörigen Portion Frustrationstoleranz. Das gilt im Bereich der Datenverarbeitung durch Private gleichermaßen. So hat eine gemeinsam von Informatikern und Juristen durchgeführte exemplarische Untersuchung gezeigt, dass Vorgaben des Datenschutzrechts von Anbietern im Internet (Online-Shops, E-Mail-Anbieber, Suchmaschinen, Informationsportale und Online-Auktionshäuser) in hohem Maße nicht eingehalten werden.[11]

Komplexe Regelungen, unterausgestattete Kontrollbehörden und eine weit verbreitete Unkenntnis der rechtlichen Anforderungen schwächen die Steuerungskraft des Rechts empfindlich. Datenschutzgesetze mutieren zu Papiertigern. Da wundert es nicht, dass manch amerikanischer Datenschutzrechtler darauf hinweist, dass es in den USA zwar weniger rechtliche Vorgaben gibt, diese aber wenigstens effektiv vollzogen werden. Die Verbesserung des Vollzugs ist also eine wichtige Herausforderung des Datenschutzes und insoweit mag man auch von den USA lernen.

Der abweichende US-amerikanische Datenschutzansatz bringt jedoch zugleich eine weitere große Herausforderung mit sich. Abweichend ist der Ansatz in vielerlei Hinsicht.[12] So fehlt es schon an einer expliziten verfassungsrechtlichen Absicherung des Datenschutzes. Das einfache Gesetzesrecht geht nicht von einem Verbot mit Erlaubnisvorbehalt aus, sondern verbietet umgekehrt nur bestimmte unzulässige, persönlichkeitsbeeinträchtigende Formen des Datenumgangs im Wesentlichen über einen deliktsrechtlichen „Torts“-Ansatz. Eine informationelle Selbstbestimmung über Einwilligungen ist sehr weit gehend, auch in Abhängigkeitsverhältnissen wie im Arbeitsbereich, möglich. Wem der Datenschutz nicht passt, kann ja den Arbeitgeber wechseln, so die – aus deutscher Perspektive schwer verständliche – Grundüberlegung. Dasselbe gilt erst Recht für Dienstenutzer. Sind diese hinrei-

---

10 Siehe dazu umfassend die verschiedenen Beiträge in: Kingreen/Kühling (Hrsg.) Gesundheitsdatenschutzrecht, 2015 und Kircher, Der Schutz personenbezogener Gesundheitsdaten im Gesundheitswesen, 2016 (im Erscheinen).

11 Burghardt/Kühling/Schwuchow/Sivridis, Das datenschutzrechtliche Vollzugsdefizit im Bereich der Telemedien – ein Schreckensbericht, DuD 2009, S. 335 ff.

12 Dazu umfassend: Klar/Kühling, Privatheit und Datenschutz in Europa und den USA – Kollision zweier Welten?, in Vorbereitung.

chend informiert, kann mit ihren Daten vieles zulässigerweise gemacht werden. Gerade in der digitalen Welt prägen aber amerikanische Unternehmen wie Google und Facebook die Datenschutzstandards – ausgehend von ihrem ganz eigenen Verständnis. Deutsche und europäische Standards in einer globalisierten Welt zu wahren, ist insoweit das Gebot der Stunde.

Die Anwendung des Datenschutzrechts im sogenannten Mehrebenensystem ist eine weitere wichtige Herausforderung des Datenschutzrechts der Zukunft. Hier bedarf es eines engen Zusammenspiels vom Europäischem Gerichtshof und den nationalen Gerichten sowie den Datenschutzbehörden. Dabei können auch nationale Besonderheiten berücksichtigt werden. Das ist wichtig. Eine Zentralisierung der Feinjustierung der kollidierenden Rechte beim Luxemburger Gerichtshof wäre wenig wünschenswert. Die verschiedenen Rechtsprechungstraditionen der mitgliedstaatlichen Gerichte und gerade die ausgefeilte Judikatur des Bundesverfassungsgerichts in datenschutzrechtlichen Fragen müssen vielmehr in einem konstruktiven Dialog eingebracht und berücksichtigt werden. Wichtigstes Instrument sind dabei die Vorlagemöglichkeiten der nationalen Gerichte an den Europäischen Gerichtshof.

Ein weiteres Problem des deutschen Datenschutzrechts ist – gewissermaßen eine Ebene „niedriger" – die föderalistische Rechtszersplitterung innerhalb Deutschlands. Das Bundesdatenschutzgesetz greift nur für private Daten verarbeitende Stellen und öffentliche Stellen des Bundes. Auf Länderebene finden sich sodann für öffentliche Stellen der Länder eigene Regeln. In Spezialbereichen ist wiederum entscheidend, wer die Gesetzgebungs- und Verwaltungsmacht hat. Das alles wäre nicht so problematisch, wenn die Regelungen aufeinander abgestimmt wären oder Abweichungen Ausdruck eines föderalistischen Wettbewerbs um den besten Datenschutz wären. In der Gesetzgebungsrealität sind sie aber eher Folge eines fehlenden Austauschs und allzu selten Grundlage für innovative Regelungsansätze, wie es etwa Schleswig-Holstein beim Datenschutzaudit gelungen ist. Wer beispielsweise professionelle Abrechnungsdienste für Krankenhäuser anbieten möchte, wird mit einer Vielzahl von willkürlich unkoordinierten, im schlimmsten Fall widersprüchlichen Regelungen konfrontiert – je nachdem in welcher Trägerschaft sich das Krankenhaus (Bund, Kommune, privat, kirchlich etc.) befindet.

Folge der Komplexität und Ausdifferenzierung des nationalen Rechts über alle Rechtsgebiete und damit auch Gerichtszweige hinweg ist sodann die geringe und dadurch auch wenig kohärente Rechtsprechung der deutschen Gerichte. So sehen etwa die Zivilgerichte[13] die räumliche Reichweite des deutschen Datenschutzrechts wesentlich großzügiger als die Verwaltungsrechtsprechung[14]. Daher haben sowohl das Landgericht[15] als auch das Kammergericht[16] in Berlin in jüngeren Urteilen Apple, Google und Facebook deutschen datenschutzrechtlichen Vorschriften unterworfen. Gestritten wurde dabei über verschiedene Bestimmungen der Datenschutzerklärungen. Die Gerichte sahen hier Verstöße gegen die scharfen Anforderungen an Einwilligungserklärungen und verlangten Nachbesserungen.

Angesichts der geringen Rechtsprechungsdichte im ausgefächerten nationalen Datenschutzrecht überrascht es ferner nicht, dass selbst Fundamentalfragen des Datenschutzrechts in einem Umfang offen sind, wie man es aus anderen Rechtsgebieten nicht kennt. Wann liegen etwa anonyme Daten vor, so dass das deutsche und europäische Datenschutzrecht keine Anwendung findet?[17] Diese Frage ist bislang durch den EuGH auch 20 Jahre nach Inkrafttreten der Datenschutzrichtlinie 95/46/EG nicht geklärt. Mit Blick auf die teils strafbewehrten datenschutzrechtlichen Vorschriften sind derartige Unklarheiten äußerst unbefriedigend. Dabei sind die Fragen wichtig, wenn etwa Gesundheitsdaten anonymisiert und anschließend im großen Stil in Forschungsnetzwerken oder anderweitig national, europaweit oder sogar weltweit ausgetauscht werden sollen. Die Vorlage des BGH an den EuGH zur Frage[18], inwiefern die IPAdresse für Dritte grundsätzlich ein (faktisch) anonymes Datum darstellt und daher nicht in den Anwendungsbereich des Datenschutzrechts fällt, dürfte hier erste Klärungen bringen.

13 LG Berlin, Urteil vom 6.3.2012 – 16 O 551/10; KG Berlin, Urteil vom 24.1.2014 – 5 U 42/12.

14 VG Schleswig, Beschluss vom 14.2.2013 – 8 B 60/12; OVG Schleswig-Holstein, Beschluss vom 22.4.2013 – 4 MB 11/13.

15 LG Berlin, Urteil vom 6.3.2012 – 16 O 551/10.

16 KG Berlin, Urteil vom 24.1.2014 – 5 U 42/12.

17 Dazu: Kühling/Klar, Unsicherheitsfaktor Datenschutzrecht – Das Beispiel des Personenbezugs und der Anonymität NJW 2013, S. 3611 ff.

18 BGH, Beschluss vom 28.10.2014, Az. VI ZR 135/13; EuGH, Rs. C-582/14 – Breyer.

VI. Erstarken des Datenschutzes vor dem Europäischen Gerichtshof

Die europäische Ebene wird dabei für das Datenschutzrecht von immer größerer Bedeutung. Entgegen mancher Befürchtung aus Deutschland[19] hat sich der EuGH dabei in jüngster Zeit mit drei „Paukenschlägen“ als äußerst strenger Hüter des Datenschutzgrundrechts erwiesen und dabei sowohl den Zugriff privater als auch öffentlicher Stellen auf Daten in enge Grenzen verwiesen. So ist die Durchsetzbarkeit des Datenschutzes im digitalen Zeitalter in den vergangenen Jahren immer mehr in Frage gestellt worden – in der „Prism-Tempora“-Affäre mit Blick auf geheimdienstliche Aktivitäten und im Ausrufen der „Post-Privacy-Ära“ als Kapitulation vor der Datenmacht der Privaten[20]. Mit einem Doppelschlag hat der EuGH im Frühjahr 2014 nicht weniger als die „Herrschaft des Datenschutzrechts“ wieder hergestellt. Dabei dürfte die Entscheidung im Urteil vom 13. Mai 2014[21] zum Datenschutz gegen Private noch wirkmächtiger als das Urteil zur Vorratsdatenspeicherungsrichtlinie vom 8. April 2014[22] sein. Denn sie sorgt für einen Privatheitsschutz gegen amerikanische Unternehmen wie „Google & Co.“, die sich bislang erfolgreich durch die Lokalisierung der Datenverarbeitung außerhalb der EU oder in vollzugsschwachen Mitgliedstaaten wie Irland einer effektiven Datenschutzkontrolle weit gehend entzogen haben.

---

19 Pointiert mit Blick auf die Pläne einer europäischen Datenschutzgrundverordnung: Masing, „Ein Abschied von den Grundrechten“, SZ vom 9.1.2012; dagegen bereits umfassend: Kühling, Die Europäisierung des Datenschutzrechts. Gefährdung deutscher Grundrechtsstandards?, 2014.

20 Besonders zugespitzt bei Heller, Post-Privacy: Prima leben ohne Privatsphäre, 2011.

21 EuGH, Rs. C-131/12, Urteil vom 13.5.2014; dazu und zum Folgenden bereits: Kühling, Rückkehr des Rechts: EuGH verpflichtet ‚Google & Co.‘ zu Datenschutz, EuZW 2014, S. 527 ff.; siehe ferner: Nolte, Das Recht auf Vergessenwerden – mehr als nur ein Hype?, NJW 2014, 2238; Boehme-Neßler, Das Recht auf Vergessenwerden – Ein neues Internet-Grundrecht im Europäischen Recht, NVwZ 2014, 825; Piltz, Nach dem Google-Urteil des EuGH: Analyse und Folgen für das Datenschutzrecht, K&R 2014, 566.

22 EuGH, Rs. C-293/12 u. C-594/12, Urteil vom 8.4.2014; zu dieser Entscheidung und zum Folgenden ausführlich: Kühling, Der Fall der Vorratsdatenspeicherungsrichtlinie und der Aufstieg des EuGH zum Grundrechtsgericht, NVwZ 2014, S. 681 ff.; siehe ferner: Simitis, Die Vorratsspeicherung – ein unverändert zweifelhaftes Privileg, NJW 2014, 2158; Priebe, Reform der Vorratsdatenspeicherung – strenge Maßstäbe des EuGH, EuZW 2014, 456; Roßnagel, Neue Maßstäbe für den Datenschutz in Europa. Folgerungen aus dem EuGH-Urteil zur Vorratsdatenspeicherung, MMR 2014, 372.

Mit seinem Urteil zur Nichtigkeit wesentlicher Regelungen der EU-Richtlinie zur Vorratsdatenspeicherung hat der EuGH gleichermaßen für großes Aufsehen gesorgt. Für den Datenschutz insgesamt dürften die Folgen des EuGH-Urteils durchweg positiv sein. Das Ausmaß an materiell-rechtlichen, prozeduralen und institutionellen Anforderungen macht deutlich, wie ernst der EuGH den Datenschutz nimmt. Er zeigt einer ausufernden Sicherheitsgesetzgebung enge Grenzen auf. Aber auch über diesen Bereich hinaus wird klar, dass der EuGH auf einen effektiven Datenschutz jedenfalls in klassischen abwehrrechtlichen Situationen drängt. Die Frage der Missbrauchsabwehr einschließlich der Datenhaltung auf europäischem Boden kann aber auch beim Datenumgang durch Private von Bedeutung sein. Die Diskussion um eine „EU-Cloud" wird dadurch jedenfalls beflügelt.[23] Auch die aufgezeigten Gefahren der Profilbildung könnten beispielsweise für die grundrechtliche Bewertung der Dienste von Facebook relevant sein und streiten für die Pflicht zum Angebot pseudonymer Kommunikationsformen.[24] Das Urteil in seiner Klarheit, Ausgewogenheit und Überzeugungskraft setzt daher Maßstäbe für den Datenschutz weit über die Sicherheitsgesetzgebung hinaus.

Im jüngsten „Facebook"-Fall hat der EuGH im Herbst 2015 noch einmal nachgelegt[25]: Der Gerichtshof stellte fest, dass das „Safe-Harbor"-Abkommen der EU mit den USA nicht den Anforderungen der Richtlinie 95/46/EG genügt. Die gegenteilige Bewertung der Kommission in ihrer Entscheidung aus dem Jahr 2000[26], die die Brüsseler Behörde selbst für überarbeitungsbedürftig hält, wird „über Bord geworfen". Das Abkommen war aber eine zentrale Brücke zwischen zwei Welten, die sich in Fragen des Daten-

23 Siehe dazu: Kühling/Biendl, Datenschutzrecht – Basis und Bremse des Cloud Computing. Rechtliche Hemmnisse und Lösungsvorschläge für eine breitere Etablierung von Cloud-Diensten, CR 2014, S. 150.

24 Siehe dazu den seinerzeit gerichtlich mangels Zuständigkeit gestoppten Versuch des ULD, „Facebook" zum Angebot entsprechender Dienste zu zwingen, VG Schleswig-Holstein, Beschluss vom 14.2.2013, Az. 8 B 60/12; OVG Schleswig-Holstein, Beschluss vom 22.4.2013 – 4 MB 11/13. Nach dem Google-Urteil des EuGH (Fn. 21) wird der Anwendungsbereich des deutschen Datenschutzrechts aber zu bejahen sein; entsprechend erfolgte eine dem des ULD ähnliche Anordnung des Hamburger Beauftragten für den Datenschutz und die Informationsfreiheit gegen Facebook, abrufbar unter www.datenschutz-hamburg.de, abgerufen am 6.11.2015.

25 EuGH, Rs. C-362/14, Urteil vom 6.10.2015; siehe dazu bereits: Kühling, NJW 2015, editorial Heft 43/2015 und Kühling/Heberlein, NVwZ 2016, 7; Moos/Schefzig, „Safe Harbor" hat Schiffbruch erlitten, CR 2015, 625.

26 Entscheidung der Kommission 2000/520/EG, ABl. 2000 L 215, 7.

schutzes im Allgemeinen und in Bezug auf die Auflösung des Spannungsverhältnisses von Freiheit vs. Sicherheit im Besonderen in der letzten Zeit eher voneinander entfernt haben. Dabei wird sich mit Blick auf ein „Safe Harbor 2.0“ eine eminent politische Frage stellen: Sind die USA bereit, die Vorgaben des EuGH-Urteils zu akzeptieren und den Zugriff auf jene Daten für Sicherheitsbehörden zu beschränken und zugleich die Kontroll- und Rechtsschutzmöglichkeiten auszubauen? Zugleich ist das Urteil ein weiterer Treiber für eine „Datenfestung Europa“ in einer globalisierten Welt der Datenverarbeitung und eine erneute Manifestation des EuGH als Grundrechtsgericht, das großen Wert auf den Datenschutz legt.

Bei aller Freude über das Erstarken des Datenschutzrechts vor dem EuGH geben vor allem die Urteile in Sachen „Google“ und „Safe Harbor“ aber auch Anlass zu kritischen Nachfragen, ob der EuGH die gegenläufigen Interessen an einem funktionierenden Datenaustausch und den durch diesen ermöglichten Diensten nicht unzureichend gewichtet. So wird etwa bei der Ausgestaltung des „Rechts auf Vergessenwerden“ darauf zu achten sein, dass die Meinungsfreiheit hinreichend geachtet wird. Das Verwerfen des von der Kommission als „Hüterin der Verträge“[27] ausgehandelten „Safe-Harbor“-Abkommens ist schon mit Blick auf die fehlende Übergangsfrist hoch problematisch. Insgesamt muss der EuGH darauf achten, dass er durch eine allzu ausdifferenzierte Grundrechtsjudikatur zum Datenschutzgrundrecht nicht den legislativen und exekutiven Handlungsspielraum allzu sehr einengt. Auch das Urteil des EuGH zur Vorratsdatenspeicherungsrichtlinie ist nicht nur wegen seiner epochalen Bedeutung für den Datenschutz im Besonderen und den Grundrechtsschutz im Allgemeinen durchaus vergleichbar mit der Relevanz des Volkszählungsurteils, sondern auch wegen der Ambivalenz der Entscheidung. Denn auch wenn das Volkszählungsurteil vom 15. Dezember 1983[28] mit einem Abstand von mehr als drei Dekaden als nachgerade visionär bezeichnet werden kann und ein im Wesentlichen überzeugendes grundrechtliches Fundament des Datenschutzrechts der Moderne geliefert hat, ist es angesichts des scharfen datenschutzrechtlichen Gesetzesvorbehalts zugleich wesentliche Quelle des Verrechtlichungsschubs, der für das gegenwärtige einfachgesetzliche Datenschutzrecht ein nicht unerhebliches Pro-

27 Dazu statt vieler: Schroeder, Grundkurs Europarecht, 4. Aufl. 2015, Rn. 55.
28 BVerfGE 65, 1.

blem darstellt[29]. Als ähnlich ambivalent könnten sich die im EuGH-Urteil zur Vorratsdatenspeicherungsrichtlinie aufgestellten „Wesentlichkeitsanforderungen" an den europäischen Richtliniengeber erweisen – mit nicht unproblematischen Folgen im föderalen Verhältnis. Dies hängt jedoch – wie im Fall des Bundesverfassungsgerichts – ganz maßgeblich von der weiteren Ausdifferenzierung durch den EuGH ab. Jedenfalls hat der EuGH deutlich die Relevanz eines scharfen Datenschutzrechts im digitalen Zeitalter des 21. Jahrhunderts markiert und dies mit strengen primärrechtlichen Leitplanken flankiert, die die Datenordnung der Zukunft maßgeblich prägen werden.

VII. Datenschutzgrundverordnung als „Magna Charta" eines europäischen Datenschutzrechts

In sekundärrechtlicher Hinsicht haben sich das Europäische Parlament, der Rat und die Kommission am 15.12.2015 nach Beendigung des Trilogs auf einen Kompromiss zur Datenschutzgrundverordnung verständigt. Auch wenn man an einzelnen Regeln Kritik über mag, enthält sie doch zeitgemäßere und klarere Vorgaben im Vergleich zum jetzigen europäischen Recht. Als Verordnung muss sie auch nicht mehr von den nationalen Parlamenten umgesetzt werden, was zahlreiche Rechtsanwendungsunklarheiten und -streitigkeiten vermeidet. In dieser europäischen Datenschutzgrundverordnung sind zum Beispiel die in Deutschland lange umstrittenen Verbandsklagerechte vorgesehen, die für die Effektivierung des Vollzugs wichtig sind. Denn der einzelne Betroffene ist in den seltensten Fällen willens und imstande, seinen Datenschutz einzuklagen. Auch werden die Sanktionen im Fall von Verstößen gegen das Datenschutzrecht deutlich verschärft. Hier kann man die richtigen Anreize zu rechtmäßigem Handeln setzen und der Schwere und Hartnäckigkeit von Datenschutzverstößen besser gerecht werden.

Als nützlich können sich auch die Verpflichtung auf eine Datenschutz-Folgenabschätzung und Risikoanalyse für besonders datenintensive bzw. sensible Verarbeitungsvorgänge, strengere Vorgaben zur Profilbildung und zu datenschutzspezifischen Zertifizierungsverfahren sowie von Datenschutzsiegeln und -zeichen erweisen. All das enthält der Entwurf der europäischen Datenschutzgrundverordnung. Jene Regelung kann die erhoffte

29 Dazu umfassend: Kingreen/Kühling, Weniger Schutz durch mehr Recht: Der überspannte Parlamentsvorbehalt im Datenschutzrecht, Eine Problemskizze am Beispiel des Gesundheitsdatenschutzrechts, JZ 2015, S. 213 ff.

ausdifferenzierte „Magna Charta" des Datenschutzrechts werden, die eine Rückbesinnung auf die „normative Kraft des Normativen"[30] ermöglicht. Sie kann zudem einen Beitrag zur Entschlackung und Vereinfachung des ausdifferenzierten Datenschutzregimes auf nationaler Ebene leisten, der dringend erforderlich ist. So sollte künftig in großzügigerem Umfang auf das allgemeine Datenschutzrecht in der Datenschutzgrundverordnung zurückgegriffen werden und nicht in jedem Teilgebiet das datenschutzrechtliche Rad neu erfunden werden. Dies erfolgt ohnehin regelmäßig mit geringem Gewinn. Auch institutionell sieht die Verordnung sinnvolle Neuerungen vor, die gerade in grenzüberschreitend relevanten Fällen – wie etwa der datenschutzrechtlichen Behandlung von E-Mail-Diensteanbietern, Social-Web-Angeboten etc. – eine schnellere Koordination der nationalen Datenschutzbehörden ermöglicht, auch um Rechtsfragen rascher – gegebenenfalls vor dem EuGH – zu klären. Insoweit ist auch der Impuls des EuGH im „Safe-Harbor"-Urteil wichtig, dass über die nationalen Datenschutzbehörden vor den nationalen Gerichten rasch unionsrechtlich relevante Fragen – wie die Rechtmäßigkeit der „Safe-Harbor"-Entscheidung der Kommission – einer Prüfung unterzogen werden können. Unionsrechtliche Fragen müssen dabei letztverbindlich vom EuGH geklärt werden.

VIII. Fazit

Es besteht damit kein Zweifel, dass vor deutschen Gerichten bis hin zum Bundesverfassungsgericht, aber auch vor dem EuGH ein effektiver Datenschutz erreicht werden kann. Ausufernden Sicherheitsbedürfnissen des Staates werden hinreichende Grenzen aufgezeigt. Es besteht auch kein Zweifel, dass dem Recht hier eine machtvolle Rolle im Rahmen der Sicherung des Datenschutzes auch gegenüber Privaten verschafft wird. Bedenken einer mangelnden Datenschutzsensibilität sind nicht angebracht; eher umgekehrt wird in Zukunft darauf zu achten sein, dass die gegenläufigen Interessen an der Erfüllung öffentlicher Aufgaben, aber auch an der Erbringung datengetriebener Dienste durch Private hinreichend gewürdigt werden. Das einfache Gesetzesrecht ist hingegen weniger gut bestellt und weist erhebliche Vollzugsdefizite auf. Die kommende EU-Datenschutzgrundverordnung kann

30 Zeh, FAZ v. 11.2.2014, S. 4, abrufbar unter http://www.faz.net/aktuell/feuilleton/debatten/die-digital-debatte/politik-in-der-digitalen-welt/juli-zeh-zur-ueberwachungsdebatte-schuetzt-den-datenkoerper-12794720.html.

hier zu einer Effektivierung beitragen und sollte Anlass geben, das deutsche Datenschutzrecht zu entschlacken und zu vereinfachen. Die größte Herausforderung wird es aber sein, eine Balance bei der Nutzung von datenintensiven Diensten privater Anbieter zu finden. Allzu viele Nutzer sind im Alltag weit weniger an einem funktionsfähigen Datenschutz als an funktionsfähigen Diensteangeboten interessiert und nutzen ihr Recht auf informationelle Selbstbestimmung damit letztlich in einer Art und Weise, die Verfechter eines Schutzes der Privatsphäre irritiert. Hier ohne Paternalismus für einen angemessenen Datenschutz zu sorgen, erfordert weit mehr als ein gut ausgestaltetes Datenschutzrecht.

Über den Autor:

Prof. Dr. iur. Jürgen Kühling, *LL.M.*, Jahrgang 1971. Jura-Studium in Trier und Nancy sowie in Brüssel 1994/1995 (LL.M.); 1998 Promotion und 2003 Habilitation jeweils an der Universität Bonn; ab WS 2004/2005 Professor und Leiter des Instituts für Informationsrecht an der Universität Karlsruhe; seit SoSe 2007 Inhaber des Lehrstuhls für Öffentliches Recht, Immobilienrecht, Infrastrukturrecht und Informationsrecht an der Universität Regensburg; mehr als 250 Publikationen auf den Gebieten seiner Lehrstuhldenomination, u. a. zum „Recht der Netzwirtschaften" (Telekommunikation; Energie; Post; Transport) und im Informationsrecht in seiner ganzen Breite mit einem Schwerpunkt im Datenschutzrecht; zahlreiche, teils interdisziplinäre Forschungsprojekte, u. a. mit Informatikern; Mitglied im Wissenschaftlichen Arbeitskreis für Regulierungsfragen (WAR) bei der Bundesnetzagentur; umfangreiche Beratungserfahrung der öffentlichen Hand (vor allem BMWi; BMVI; BMF; BNetzA; EBA) und privaten Unternehmen sowie Verbänden in seinen Forschungsgebieten.

Von Sabine Leutheusser-Schnarrenberger

Verantwortung der Internet-Giganten – Algorithmen und Selbstbestimmung

I. Die Digitalisierung des Lebensraums

Die Digitalisierung durchdringt inzwischen alle Lebensbereiche. Es entstehen täglich unvorstellbare Datenmengen, deren Speicherung, Verarbeitung, Analyse und Vernetzung kaum mehr technische Grenzen gesetzt sind. Das Smart Home, Gesundheitsapps, das Auto als rollendes Smartphone und Online-Bankgeschäfte jeglicher Art sind nur einige Aspekte des immer transparenter werdenden Verhaltens der Menschen. Mittels Algorithmen werden die erfassten Daten von global agierenden Konzernen für ihre Geschäftszwecke analysiert und vernetzt. Das betrifft gerade nicht nur statistische, technische Daten, sondern vorwiegend Daten mit Bezug zu Personen, die aus ihrem Online- und Surfverhalten mit und ohne ihr Wissen gewonnen und zu Profilen zusammengeführt werden, um sie dann z.B. zum Angebot gezielter Werbeplätze zu verwenden. Durch angelegte Verhaltensmuster, also Datenraster, künftiges Verhalten vorhersehbar zu machen und damit dem Nutzer ein auf ihn zugeschnittenes Angebot von Produkten und Dienstleistungen präsentieren zu können, gehört zu einem der immer erfolgreicher werdenden Geschäftsmodelle.

Die Digitalisierung des Lebensraums ist einer der Megatrends der kommenden Jahre, an dem viele mitverdienen wollen: die internationalen IT-Konzerne, die Energiewirtschaft, die Gesundheitsbranche, die Automobilindustrie, die Telefonhersteller und die Versicherungen.

Big Data und künstliche Intelligenz sind zweifellos der Schlüssel zu wichtigen Innovationen. Sie haben ein enormes Potenzial, wirtschaftliche Wertschöpfung und gesellschaftlichen Fortschritt zu katalysieren. Politiker beschwören gern in ihren Sonntagsreden das 21. Jahrhundert als das Jahrhundert der Daten und lassen sich auf Messen wie der IFA oder Cebit gern mit den neuen Hightech-Geräten abbilden. Es entsteht der Eindruck, dass die neue Technik bedingungslos angenommen und die Gefahren bewusst ausgeblendet werden. Jede neue Technik hat neben Chancen auch Nachteile. Entscheidend ist, wie sie eingeschätzt werden und wie damit umgegangen wird.

II. Das Privatheitskonzept und die Schutzpflicht des Staates

Eines ist unstreitig: Daten sind Macht. Wer über sie verfügt, verfügt über den Rohstoff oder das Gold oder die Schmierseife der größten technologischen Entwicklung, der Digitalisierung.

Die Kehrseite dieser Technik ist die fundamentale Gefahr für die Selbstbestimmung des Einzelnen und für den Schutz seiner Privatsphäre.

Je mehr Daten aus- und verwertet werden, umso mehr wird die Privatsphäre des Einzelnen eingeschränkt. Auch wenn sich die Grenze zwischen „öffentlich" und „privat" durch die Digitalisierung verschieben mag, gehört die Privatsphäre unverzichtbar zur Persönlichkeit eines jeden Menschen. Anders sieht das Marc Zuckerberg, der Privatheit als überkommenes Konzept, als Anachronismus aus einer analogen Welt bezeichnet.[1] Interessant ist bei dieser Haltung die Berichterstattung zu seinem Privatanwesen, wonach Zuckerberg vier angrenzende Grundstücke zum Schutz vor neugierigen Nachbarn erworben hat. Über sein Privatleben, seinen Kontostand und seinen Gesundheitszustand sowie private Einzelheiten zu seiner Familie findet man wenig. Die von ihm und den inzwischen etwas verstummten Post-Privacy-Anhängern vertretene Auffassung der totalen digitalen Transparenz bezieht sich vorwiegend auf andere, auf die Nutzer.

Das Bundesverfassungsgericht hat mit der Grundsatzentscheidung zur Volkszählung unmissverständlich erklärt, dass zum allgemeinen Persönlichkeitsrecht das Recht des einzelnen gehört, selbst zu entscheiden, wann und innerhalb welcher Grenzen persönliche Lebenssachverhalte von ihm preisgegeben werden. Es hat die Gefahren gesehen, die dem Persönlichkeitsrecht unter den Vorzeichen der automatisierten Datenverarbeitung drohen, und reklamiert, dass der einzelne davor besonders geschützt werden muss.

„Eine Gesellschaftsordnung und eine diese ermöglichende Rechtsordnung, in der der Bürger nicht mehr wissen könne, wer was wann und bei welcher Gelegenheit über ihn weiß, ist mit dem Recht auf informationelle

1 Keber, 10 Gedanken zu Privatheit und Datenschutz in der digitalen Gesellschaft, https://www.hdm-stuttgart.de/science/science/scienceverzeichnis/255/Vortrag_Keber_15052015_Final.pdf.

Selbstbestimmung nicht vereinbar. Wer unsicher sei, ob abweichende Verhaltensweisen jederzeit notiert und als Information dauerhaft gespeichert, verwendet oder weitergegeben werden, werde versuchen, nicht durch solche Verhaltensweisen aufzufallen. […] Dies würde nicht nur die individuellen Entwicklungschancen des einzelnen beeinträchtigen, sondern auch das Gemeinwohl, weil Selbstbestimmung eine elementare Funktionsbedingung eines auf Handlungsfähigkeit und Mitwirkungsfähigkeit seiner Bürger gegründeten freiheitlichen, demokratischen Grundordnung sei. Hieraus folge: Freie Entfaltung der Persönlichkeit setze unter den modernen Bedingungen der Datenverarbeitung den Schutz des einzelnen gegen unbegrenzte Erhebung, Speicherung, Verwendung und Weitergabe seiner persönlichen Daten voraus. Dieser Schutz sei daher von dem Grundrecht des Art. 2 Abs. 1 GG i. V. m. Art. 1 Abs. 1 GG umfasst. Das Grundrecht gewährleistet insoweit die Befugnis, grundsätzlich selbst über die Preisgabe und Verwendung seiner persönlichen Daten zu bestimmen."[2]

Ist das etwa eine Entscheidung aus einer anderen Zeit ohne heutige Relevanz? Weit gefehlt. Damals haben die Richter vorausschauend geurteilt, auch wenn die Dynamik und Dimension der Digitalisierung nicht vorhersehbar war.

Die damals aufgestellten Anforderungen an Eingriffe in das Recht auf informationelle Selbstbestimmung sind heute genauso aktuell, vielleicht sogar noch bedeutsamer. Es geht um die grundgesetzlichen Freiheitsrechte, die die Grundlage unserer Demokratie sind und die durch technische Entwicklungen nicht ausgehöhlt werden dürfen. Ihnen liegt das Menschenbild des selbstbestimmten Individuums zu Grunde, das nicht mehr Objekt sondern Subjekt staatlichen und wirtschaftlichen Handels ist. Wenn manche IT-Firmen die Auffassung vertreten, das sei alles eine alte Idee, die Rechte des einzelnen Bürgers hätten sich überholt, mit der neuen Technik wolle man etwas Neues ausprobieren, was nicht so bürokratisch wie die Demokratie sei, dann wird damit das kantische Menschenbild der Aufklärung aufgegeben. Dann würde im „Informationskapitalismus" der Primat des Menschen gegenüber allen intelligenten Maschinen aufgegeben.[3] Die Gewinnmaximierung ist erklärtes Ziel jeder kapitalistischen Erscheinungsform. Das ist nicht illegitim, das sind die berechtigten Interessen eines kommerziellen Unternehmens. Da ohne die „Ware persönliche Daten" dieses Geschäftsmodell der Big-Data-Unternehmen aber nicht funktionieren kann, haben sie sich die Verfügungsmacht

2 BVerfGE 65, 1–71.

3 Hofstetter, Sie wissen alles, München 2014, S. 230.

und Verwertung persönlicher Daten angeeignet, ohne dass der eigentlich Verfügungsberechtigte, der einzelne Träger der Daten, der Mensch, konkret danach gefragt wird. Es bedarf deshalb dringend eines rechtlichen digitalen Gestaltungsrahmens mit den Kernelementen des Datenschutzrechtes.

Dazu gehören:

- dass es keine unbegrenzte Erhebung, Speicherung, Verwendung und Weitergabe persönlicher Daten geben darf,
- dass der Bürger genau wissen muss, welche seiner Daten wo, von wem, wie lange und zu welchem Zweck erfasst und verarbeitet werden,
- dass die Sensibilität der Daten sich aus ihrem Verwendungszusammenhang ergibt. Nicht das einzelne Datum ist so entscheidend, sondern seine Nutzbarmachung und die Gesamtbewertung.

Das hat große Auswirkung bis heute, denn danach gibt es kaum noch ein Datum, das nicht in seiner Gesamtbetrachtung einen Personenbezug hat und damit datenschutzrelevant ist. Unternehmen in Deutschland agieren nicht frei von der Verfassung. Die Grundrechte entfalten auch ihnen gegenüber Wirkung und binden sie an die durch die Grundrechte geschaffene objektive Wertordnung.[4]

Nicht zu Unrecht wird bemerkt, dass trotz oder gerade aufgrund der langjährigen Entwicklung des Schutzbereichs das informationelle Selbstbestimmungsrecht teilweise als unübersichtlich und konturenlos anzusehen ist.[5] Das Recht soll vor jeder Form der Erhebung, schlichten Kenntnisnahme, Speicherung, Verwendung, Weitergabe oder Veröffentlichung von individualisierten oder individualisierbaren Informationen schützen. Sprache und Bild sind personenbezogene Daten. Zahlreiche Aspekte des Handelns im Internet, vorrangig in sozialen Netzwerken und anderen Web2.0-Anwendungen, die auf sog. netzgenerierten Inhalten basieren, werden erfasst. (Account, Basisdaten, Bilder, Statusmeldungen, Informationen zu Freundschafts- und Verwandtschaftsbeziehungen, bewusst oder unbewusst hinterlassene Datenspuren durch Cookies oder andere Netzspuren, die das Internetverhalten nachvollziehbar machen[6]). Aufgrund der unverständlichen, unklaren und nicht änderbaren Datenschutzerklärungen bzw. AGB der Anbieter können

4 BVerfGE 7, 198 ff.

5 Hoffmann/Luch/Schulz/Borchers, Die digitale Dimension der Grundrechte, Nomos/DIVSI (Hrsg.) 2015, S. 65, FN 216.

6 Ebd., S. 66.

die Nutzer berechtigte Anliegen gegen die Internet-Giganten nicht durchsetzen. Sie müssen in alle bekannten und nicht bekannten Nutzungen einwilligen, wenn sie den Dienst benutzen wollen mit allen Auswirkungen hinsichtlich der Verwendung ihrer Daten zu Werbe- und anderen Geschäftszwecken, ohne dass es dafür einen Gegenwert gäbe. Wegen dieser massiven Eingriffe in das informationelle Selbstbestimmungsrecht der Nutzer wird über eine Schutzpflicht des Staates diskutiert, diese Eingriffe abzuwehren in welcher Form auch immer.

III. Herausforderungen für den europäischen Gesetzgeber

Ohne diese verfassungsrechtliche Frage hier abschließend zu bewerten, muss der Gesetzgeber endlich gemeinsame verbindliche Datenschutzstandards in Europa schaffen, die auch für internationale IT-Konzerne gelten, die ihren Sitz außerhalb der Europäischen Union haben. Wenn sie Daten europäischer Bürgerinnen und Bürger erfassen, analysieren, vernetzen, also vollumfänglich verarbeiten und für ihre Zwecke nutzen, und dann ihre Dienstleistungen in der Europäischen Union anbieten, müssen sie sich nach dem Marktortprinzip an europäisches Recht halten und dürfen sich mit der Wahl ihres Sitzortes, wie z. B. derzeit sehr häufig in Irland, nicht einem effektiven Datenschutz entziehen. Mit der europäischen Datenschutz-Grundverordnung soll das Machtverhältnis zwischen der marktbeherrschenden Stellung der Internetgiganten und der negativen Freiheit, in Ruhe gelassen zu werden[7], wieder besser justiert werden.

Die seit fast vier Jahren andauernden Beratungen im europäischen Gesetzgebungsverfahren müssen endlich zu einem Abschluss gebracht werden, der nicht einseitig die Interessen der Wirtschaft bevorzugt. Es darf nicht dem Nutzer aufgebürdet werden, selbst allein für seinen Datenschutz und Datensicherheit, z. B. durch Verschlüsselung, sorgen zu müssen. Die lapidare Aussage, niemand sei gezwungen, soziale Medien und vielfältige Online-Angebote zu nutzen, ist wohlfeil und leugnet die reale Machtkonstellation. Von keinem Nutzer kann verlangt werden, sich von der IT-Entwicklung abzukoppeln und zu isolieren. Es ist die Aufgabe und Verpflichtung der Politik und des Gesetzgebers, das Recht zur informationellen Selbstbestimmung der Bürgerin und des Bürgers im digitalen Zeitalter abzusichern. Das Recht auf

7 Frank Schirrmacher in einem Beitrag der ARD am 30. 3. 2014. Zitiert nach: Hofstetter, aaO., S. 285.

individuelle Selbstentfaltung kann nur wahrnehmen, wer die Kontrolle über sein Leben hat. Und dazu braucht er die informationelle Selbstbestimmung. Es geht um nicht weniger als die verfassungsmäßig garantierten Rechte, ohne deren Einhaltung die Demokratie nicht funktionieren kann.

Angesichts der Macht der Algorithmen, der unbegrenzten Datengier und der unglaublich schnellen technischen Entwicklung reicht allein die dringend notwendige Beschränkung der Verwendung der gespeicherten Daten nicht aus. Gebraucht wird ein Systemdatenschutz, der bereits bei der Entwicklung der Technik, der Weiterentwicklung der Algorithmen ansetzt. Der Selbstdatenschutz für die individuelle Privatheit reicht angesichts des gesellschaftlichen Schadens nicht aus.

Folgende Elemente des Systemdatenschutzes müssen klar konturiert in der Datenschutz-Grundverordnung enthalten sein:

Anonymisierung und Pseudonymisierung haben grundsätzlichen Vorrang, denn für viele Entwicklungen sind personenbezogene Daten nicht notwendig. Damit kann dem gläsernen Autofahrer, Patient oder Arbeitnehmer gegengewirkt werden. Leider fehlt es an strikten Anforderungen in der Datenschutz-Grundverordnung.

Weiter müssen die Grundsätze der „Privacy by Design“ (Datenschutz der Technik) und „Privacy by Default“ (datenschutzfreundliche Voreinstellung bei Hard- und Softwareentwicklungen) verpflichtend verankert werden.

Umfassende Profilbildungen aus einer Vielzahl von Daten (z.B. Kfz, Verkehrsdaten, GPS-Ortung, Videoaufnahmen, Suchmaschinendaten, Benutzung von Apps etc.) verstoßen gegen den Menschenwürdeschutz des Grundgesetzes. Big Data beschleunigt diese Analyse der massenhaft verfügbaren Daten. Deshalb ist eine eindeutige Zweckbindung für bestimmte Funktionen und Dienste geboten. Das wird derzeit noch sehr streitig verhandelt.

Zusätzlich müssen die Anforderungen an die Einwilligung verschärft werden, verständliche Sprache, klare Begrenzung, keine Koppelungen mit anderen Angeboten, keine Einwilligung möglich bei marktbeherrschender Stellung. Die „Take it or Leave it“-Maxime muss eingeschränkt werden. Differenzierte Einwilligung z.B. dahin, dass der Nutzer festlegt, welche App auf seine Kontakt- und Standortdaten zugreifen kann.

Der europäische Gesetzgeber ist sehr wohl in der Lage, beim derzeitigen Stand der technologischen Entwicklung der Algorithmen die Selbstbestimmung des Einzelnen zu stärken. Ob das für die Zukunft ausreicht, ist offen, aber zu bezweifeln. Selbst Bill Gates, Stephan Hawking und Elon Musk befürchten angesichts der Entwicklung, dass Computer, also die superintelligenten Maschinen, die Kontrolle über die Welt übernehmen könnten.[8] Die Manipulation von Entscheidungen durch mächtige Algorithmen würde die kollektive Intelligenz untergraben, die sich an die Herausforderungen unserer komplexen Welt flexibel anpassen kann. Informationssuche und Entscheidungsfindung der Einzelnen müssen unabhängig erfolgen. Wenn die Entscheidungen durch Algorithmen vergeben würden, führt das im wahrsten Sinne des Wortes zur Volksverdummung. Vernunftbegabte Wesen werden zu Befehlsempfängern degradiert.[9] In letzter Konsequenz würde eine zentrale, technokratische Verhaltens- und Gesellschaftssteuerung durch ein superintelligentes Informationssystem eine neue Form der Diktatur bedeuten. Das hieße von der Programmierung von Computern zur Programmierung von Menschen zu kommen.

Diese Entwicklung müssen die Menschen verhindern.

IV. Die Verantwortung der Internet-Gatekeeper

Die Rechtsprechung des Gerichtshofs der Europäischen Union (EuGH) leistet zur Verteidigung der Grundrechte der Unionsbürger Gewaltiges. Mit der Entscheidung zum sog. „Recht auf Vergessenwerden"[10] wurde erstmals die Verpflichtung der Betreiber von Suchmaschinen begründet, bei namensbasierten Recherchen Links zu Online-Artikeln zu löschen, deren Inhalt nicht mehr zutreffend, veraltet oder unangemessen sind. Die Begründung für diese Verantwortung der sog. Intermediäre oder Gatekeeper wird aus der Dimension der Verbreitung von Informationen durch Suchmaschinen hergeleitet, die im Gegensatz zu Papierzeitungen und –zeitschriften alte Artikel unbegrenzt und millionenfach erfolgt. Dieses neue Recht des Nutzers auf Löschung von Links sollte in seiner globalen Reichweite und besonders verfahrensmäßig gesetzgeberisch abgesichert werden. Die Entscheidung bietet einen entscheidenden Anstoß zur Stärkung der Privatsphäre in einem komplexen System der vielfältigen Interessen mehrerer Beteiligter. Entgegen mancher Kritik ist der Informationszugang nicht unverhältnismäßig eingeschränkt, denn die Artikel bleiben erhalten und können mit allgemeiner Recherche gefunden werden.

8 http://www.spektrum.de/news/wie-algorithmen-und-big-data-unsere-zukunft-bestimmen/1375933.

9 Siehe Yvonne Compler in ebd.

10 Urteil des EuGH vom 14.5.2014.

Die Praxis von Google seit der Entscheidung am 13. Mai 2014 sieht wie folgt aus: Von den europaweit 348.085 eingereichten Löschanträgen mit 1,23 Millionen Hinweisen auf Internetseiten wurden 441.032 gelöscht. Von deutschen 60.198 Antragen mit 220.589 Internethinweisen wurden 91.866 gelöscht, also 40 : 60 Prozent. Das scheint ein einigermaßen ausgeglichenes Verhältnis zu sein, es fehlt jedoch eine Aufschlüsselung der Entscheidungen nach den materiellen Kriterien.

Es darf aber im Interesse der Grundrechte der Nutzer nicht der Rechtsprechung allein überlassen bleiben, sich um den europäischen Grundrechtsschutz verdient zu machen.

Die Verantwortung der Internet-Gatekeeper ist ein wichtiger Aspekt bei der Verteidigung der Grundrechte im digitalen Zeitalter gegen die Macht der Algorithmen.

VI. Die anlasslose Vorratsdatenspeicherung

Ein weiterer Aspekt ist die Verpflichtung des Staates, alles zu unterlassen, was die Privatsphäre und das Datenschutzrecht der Bürger unverhältnismäßig einschränkt. Das gilt unter anderem für die anlasslose Vorratsdatenspeicherung, eine Geschichte des juristischen Scheiterns des nationalen deutschen und europäischen Gesetzgebers.

Angesichts der jahrelangen intensiven und streitigen Debatte über die anlasslose Vorratsdatenspeicherung aller Telekommunikationsverbindungsdaten sollte man annehmen, dass die Behauptungen der Unverzichtbarkeit der anlasslosen Vorratsdatenspeicherung durch eindeutige rechtstatsächliche Untersuchungen belegt seien. Denn neben der gravierenden Eingriffe in das Kommunikationsverhalten aller Bürgerinnen und Bürger durch die massenweise Speicherung der dadurch entstandenen Daten verursacht diese gesetzliche Verpflichtung millionenfache Investitionen der Telediensteanbieter, die vom Staat weder teilweise noch ganz erstattet werden. Zudem sind diese Datenberge für den Zugriff von Geheimdiensten und Hackern äußerst interessant, die Missbrauchsgefahr groß.

Vor diesem Hintergrund sollte mit dem bahnbrechenden Urteil der Großen Kammer des EuGH[11] eigentlich ein juristischer Schlusspunkt unter diese politische Debatte und unter diese in der Geschichte der Europäischen Union wohl umstrittenste Gesetzgebung gesetzt worden sein.

11 EuGH vom 8.4.2014, Az.: C-293/12 und C-594/12.

Der vom irischen High Court und dem österreichischen Verfassungsgerichtshof wegen der bei ihnen anhängigen Klagen einer NGO, einer Landesregierung und mehr als 11.000 Einzelpersonen angerufene EuGH stellt unmissverständlich in seiner Entscheidung fest, dass die massenweise anlasslose Speicherung von Daten sowohl das Recht auf Schutz der Privatheit gemäß Art. 7 als auch den Schutz der persönlichen Daten gemäß Art. 8 der Charta der Grundrechte berührt und den Verhältnismäßigkeitsgrundsatz nach Art. 52 Abs. 1 der Charta verletzt.

Die in der Richtlinie aufgestellte Verpflichtung zur Speicherung und die Erlaubnis zur Verarbeitung stellen als solche einen besonders schwerwiegenden Eingriff in diese beiden Grundrechte von großem Ausmaß dar.[12] Die immer wieder gern verwandte Argumentation, dass nicht die Speicherung der Daten, sondern erst der Zugang zu ihnen und die weitere Verwendung und Verarbeitung grundrechtsrelevant seien, ist damit vom EuGH klar zurückgewiesen worden. Wie schon das Bundesverfassungsgericht in seiner Rechtsprechung herausgearbeitet hat, entsteht durch die unterschiedslose massenweise Speicherung der Daten auf Vorrat bei den Bürgerinnen und Bürgern in der Europäischen Union, also ca. 500 Millionen, ein diffuses bedrohliches Gefühl der permanenten Überwachung und damit des Vertrauensverlustes in die Vertraulichkeit der Kommunikation informationstechnischer Systeme. Diese Entgrenzung der staatlichen Überwachungstätigkeit unter Benutzung privater Diensteanbieter macht die Intensität des Eingriffs aus.

Auch wenn der EuGH die generelle Geeignetheit bejaht, da es im Interesse des Gemeinwohls liege, organisierte Kriminalität und Terrorismus zu bekämpfen und wegen der wachsenden Bedeutung elektronischer Kommunikationsmittel die Vorratsdatenspeicherung theoretisch ein nützliches Mittel sein könne, lehnt er die anlasslose Speicherung klar ab, da sie nicht auf das unbedingt notwendige Maß beschränkt ist und keinen unmittelbaren oder noch nicht einmal einen mittelbaren Bezug zu einer Handlung hat, die zur Strafverfolgung Anlass gibt. Weiter rügt er zu Recht den fehlenden Zusammenhang zwischen den verpflichtend zu speichernden Daten und der tatsächlichen Bedrohung der öffentlichen Sicherheit. Mit seiner Kritik an der fehlenden geografischen und personellen Beschränkung der zu speichernden Daten erteilt er der anlasslosen Vorratsdatenspeicherung eigentlich eine endgültige Absage. Denn nur wenn es konkrete Kriterien für einen Anhaltspunkt oder konkreten Tatverdacht gibt, kann der Personenkreis eingegrenzt und auch räumlich ein engerer Rahmen gezogen werden.

12 EuGH vom 8.4.2014, Rdn. 35, 36, 37.

Das hat die Bundesregierung nicht davon abgehalten, unter der täuschenden Bezeichnung sog. Höchstspeicherfristen einen Gesetzentwurf zur anlasslosen Speicherung der meisten Telekommunikationsverbindungsdaten vorzulegen und zu behaupten, dies sei zum Vorgehen gegen Terrorismus erforderlich. Auch wenn gewisse Vorgaben des Bundesverfassungsgerichtes berücksichtigt werden, handelt es um eine ohne jeden Anlass verpflichtende Speicherung, die jetzt schnell verabschiedet werden soll. Alle Äußerungen von Regierungsmitgliedern zu mehr Datenschutz, alle verbalen Bekenntnisse zum Grundrechtsschutz auch am Tag der deutschen Einheit sind Makulatur, wenn gleichzeitig im Gesetzgebungsverfahren das Gegenteil gemacht wird.

Auch die deutliche Kritik der EU-Kommission an diesem Gesetzentwurf zur Vorratsdatenspeicherung im Notifizierungsverfahren unter anderem an der nationalen Speicherung der Daten und des Umgangs mit den Daten von Berufsgeheimnisträgern bringt die Bundesregierung nicht von ihrem verfehlten Vorhaben ab.

Die informationelle Selbstbestimmung gegenüber den Internet-Giganten und dem datenhungrigen Staat zu stärken, bedeutet eben auch, nicht immer mehr Datensammlungen gesetzlich verpflichtend entstehen zu lassen, die dem unberechtigten Zugriff und der unzulässigen Verwertung ausgesetzt sind.

VII. Der Schutz von digitalen Grundrechten

Der beste Hüter der Rechte des Bürgers auf Datenschutz und Privatsphäre ist wie oben ausgeführt, derzeit der EuGH. Mit den Entscheidungen im Jahr 2014 zur Rechtsunwirksamkeit der Richtlinie zur Vorratsdatenspeicherung, zum sog. Recht auf Vergessen und im Oktober 2015 zur Rechtsunwirksamkeit des Safe-Harbor-Abkommens wird der europäische Raum der Freiheit, der Sicherheit und des Rechts mit Leben gefüllt. Letztere Entscheidung beendet die Fiktion, die Datenschutz-Selbstverpflichtung amerikanischer Unternehmen verbunden mit dem Eintrag in eine Liste würde das angemessene Datenschutzniveau i. S. der Datenschutzrichtlinie erreichen. Datenschutz hat also doch seinen Platz im digitalen Zeitalter. Unternehmen und der Staat müssen ihn beachten und ihm im Zweifel pauschalen Sicherheitsbegründungen oder reinen Praktikabilitätserwägungen unterordnen.

Mit der Safe-Harbor-Entscheidung ist die Rechtsunsicherheit für die betroffenen Unternehmen groß, denn Alternativen wie die Einwilligung, bilaterale Verträge und Selbstverpflichtungen können einen entscheidenden Kritikpunkt nicht ausräumen, dass in den USA die Geheimdienste auf die

Server der Unternehmen direkten Zugriff haben und damit auf die personenbezogenen Daten. Der Hafen bleibt unsicher.

Diese Antwort auf Edward Snowden erteilt der Datenschutz-Fiktion eine klare Absage. Wirklicher Datenschutz ist notwendig und das hilft der informationellen Selbstbestimmung.

Datenhunger und Datenschutz, Algorithmen und Selbstbestimmung brauchen den richtigen digitalen Ordnungsrahmen, der auch die wirtschaftliche Betätigung der Internetgiganten eindämmt und damit auch die technische Entwicklung.

Technik ist schwierig zu überprüfen. Es braucht deshalb mehr Transparenz, die bisher eher einseitig gegeben ist. Gläsernen Nutzern stehen weitgehend undurchsichtige digitale Machtzentren gegenüber. Vorsorgliche Klarheit über die Wirkungsdimension der Algorithmen zu schaffen, kann Fehlentwicklungen im privatwirtschaftlichen und staatlichen Bereich vermeiden helfen. Die Informationsfreiheitsgesetze sollten zu Transparenzgesetzen weiterentwickelt werden, schlägt Peter Schaar für die staatlichen Stellen vor.[13] Die von den Internet-Giganten entwickelten komplexen Algorithmen werden kaum von den Nutzern geprüft und verstanden werden können. Es ist auch zu beachten, dass es sich bei diesen technischen Systemen um die Keimzellen der Betriebe, um ihre Geschäftsmodelle im Wettbewerb mit anderen IT-Unternehmen handelt. Sie grenzenlos offen zu legen, kann eine Verletzung des verfassungsrechtlich geschützten Eigentums bedeuten. Aber allein die Versprechungen der Unternehmen als ausreichend gelten zu lassen, ist selbstverständlich zu wenig.

Es sollte deshalb überlegt werden, ob eine unabhängige Stelle in Europa geschaffen werden sollte, die mit technischem Sachverstand die Einhaltung des Rechts durch die Technik prüfen kann. Ob der Europäische Datenschutzrat nach der geplanten Datenschutz-Grundverordnung dafür auch in Betracht käme, ist in die Überlegungen einzubeziehen. In einem Rechtsstaat dürfen die Gesetze nicht durch technische Entwicklung umgangen oder ausgehöhlt werden.

In einer global digitalisierten Welt erreichen weder der nationale, noch der europäische Schutz die Wirkung, die für die Durchsetzung der universell gültigen Freiheitsrechte gebraucht wird. Deshalb sollte trotz aller Schwierigkeiten an einem internationalen Algorithmenabkommen, wie Yvonne Hofstetter vorschlägt[14], gearbeitet werden, das die digitalen Grundrechte in

13 Schaar, Das digitale Wir, Edition Körber 2015, S. 201 ff.

14 Hofstetter, Sie wissen alles, München 2014, S. 296 ff.

der digitalen Welt schützt und für alle IT-Unternehmen gültige Mindestverpflichtungen aufstellt, und nach dem Sitzort des Unternehmens die nationalen Grundrechte in dem jeweiligen Staat zur Anwendung bringt. Wer hätte denn in der Zeit des Kalten Krieges gedacht, dass es zu einem KSZE-Prozess mit den weitreichenden Folgen für Abrüstung und Entspannung hätte kommen können.

Aber zuerst muss die Politik diese Herausforderung und Handlungsnotwendigkeit erkennen, um weitergehende Schritte als derzeit zu ergreifen.

Über die Autorin:
Frau Sabine Leutheusser-Schnarrenberger war von 1992 bis 1996 sowie von 2009 bis 2013 Bundesministerin der Justiz. Seit 2014 gehört sie dem achtköpfigen Beirat mit externen Experten aus europäischen Ländern an, den Google Inc. als Reaktion auf Kritik an der Umsetzung des EuGH-Urteils vom 13. Mai 2014 zum Recht auf Vergessenwerden gründete und der bei der Erarbeitung eines Lösch-Leitfadens beraten soll. Sie ist Mitglied des Vorstandes der Friedrich-Naumann-Stiftung für die Freiheit.

Von Kai von Lewinski

Die Matrix des Datenschutzes als Kristallkugel – Vorhersage über die zukünftige Bedeutung der informationellen Selbstbestimmung

Datenschutz hatte als Antwort auf die Gefährdungen durch die und in der Informationsgesellschaft eine gewisse Notwendigkeit, informationelle Selbstbestimmung als dogmatisches Konzept dagegen eine gewisse Kontingenz.[1] *Für die Zukunft des Datenschutzes und der informationellen Selbstbestimmung sind Prognosen schwierig, weil sie die Zukunft betreffen.*[2] *Der Versuch einer Vorhersage (s. u. III.) kann aber reizvoll sein, vor allem in Zeiten des Umbruchs, wie er für das Datenschutzrecht in Europa wegen der EU-Datenschutz-Grundverordnung bevorsteht (I.). Das Mittel zur Vorhersage – die Kristallkugel – soll die „Matrix des Datenschutzes" sein, eine Begriffsfeldanalyse.*[3]

1 v. Lewinski, Zufall und Notwendigkeit bei der Entstehung des Datenschutzrechts, in: Pohle/Knaut, Geschichte und Theorie des Datenschutzes (Fundationes I), 2014, S. 9 ff.

2 Dieser Ausspruch wird verschiedenen Menschen zugeschrieben. Aber auch die Zuschreibung von Bonmots ist schwierig, wenn sie Trivialitäten betreffen.

3 Der vorliegende Beitrag stützt sich sehr weitgehend auf Überlegungen, die sich ausführlich(er) dargestellt finden in: v. Lewinski, Die Matrix des Datenschutzes, 2014. Ein methodisch anderer Zugang zur Beschreibung möglicher Zukunftsentwicklungen des Informationsrechts findet sich bei: v. Lewinski, Überwachung, Datenschutz und die Zukunft des Informationsrechts, in: Telemedicus e. V., Überwachung und Recht, 2014, S. 1 ff.

I. Ende der informationellen Selbstbestimmung durch die Europäisierung des Datenschutzes

Als Geburtsstunde des „Rechts auf informationelle Selbstbestimmung" gilt das Volkszählungsurteil von Ende 1983. Dieses Zwillingspaar aus Grundrecht und dogmatischer Konstruktion hatte viele Väter[4], aber eigentlich keine Mutter, jedenfalls war es wissenschaftlich nicht ausgetragen worden. Diese etwas verschlungene Werdung wurde durch die bundesverfassungsgerichtliche Legitimation dann vergessen gemacht.

Im Ausland und in Europa fand das Recht auf informationelle Selbstbestimmung als dogmatische Figur und dogmatisches Konzept keinen Anschluss und keine Nachahmer, obwohl Datenschutz als solcher zweifellos ein deutsches Exportgut ist.[5] Liegt es daran, dass „Rechtaufinformationelleselbstbestimmung" als langer deutscher Begriff auch nur deutschen Betriebsräten und Datenschutzbeauftragten locker von den Lippen geht? Jedenfalls hat das europäische Recht und v. a. auch die Grundrechtecharta der Europäischen Union diese Figur nicht aufgenommen, sondern begnügt sich mit einem für das Empfinden deutscher Juristen und Datenschützer auf den ersten Blick dogmatisch unterkomplexen „Recht auf Datenschutz" (Art. 8 Abs. 1 GRCh; Art. 16 Abs. 1 AEUV).

Klar und unvermeidbar ist gleichwohl, dass mit der Europäisierung des Datenschutzrechts auch die grundrechtliche Anknüpfung im Mehrebenensystem nach oben wandert. Maßgeblich wird im Anwendungsbereich der EU-Datenschutzgrundverordnung künftig nicht mehr das „Recht auf informationelle Selbstbestimmung" sein, sondern das europäische „Recht auf Datenschutz".

II. Datenschutz als Begriffsfeld

Der Abschied von der „informationellen Selbstbestimmung" auf dogmatischer Ebene ist kein Unglück. Er gibt den Blick frei auf das große und ganze Feld des Datenschutzes. Dieses ist größer und umfassender, als man es in

4 Zu nennen sind hier neben dem damaligen Bundesverfassungsgerichtspräsidenten E. Benda der damalige Berichterstatter H. Heußner, als Ideengeber und Prozessbevollmächtigte W. Steinmüller und A. Podlech sowie als Vordenker jenseits des Atlantiks A. Westin.

5 Zu letzterem: Reding, ZD 2012, S. 195, 195.

den deutschen Datenschutzdebatten allgemein wahrgenommen hatte, jedenfalls unter Datenschutzjuristen und Jüngern des Volkszählungsurteils als der Bergpredigt des Datenschutzes[6] deutschen Bekenntnisses.

Wenn man also einen Schritt zurück macht von dem nun aus europarechtlichen Gründen weitgehend[7] abzulösenden dogmatischen Konstrukt, dann erkennt man, dass Datenschutz deutlich mehr ist als „informationelle Selbstbestimmung". Datenschutz reicht von dem Würdekern des Menschen bis zu einem erst noch zu entwickelnden Datenkartellrecht.

1. Dekonstruktion des Begriffs

Über das, was Datenschutz meint und bedeutet, kann man sich durch eine umfassende Definition oder eine Dekonstruktion nähern. Jedenfalls für den wissenschaftlichen Hausgebrauch, sicherlich aber auch darüber hinaus ist eine Dekonstruktion des Konzepts von „Datenschutz" sinnvoller. Dabei soll der „Datenschutz" nicht kurz und klein geschlagen werden und erst recht nicht pulverisiert. Vielmehr geht es darum, die einzelnen Teile in ihrer Eigengesetzlichkeit zu betrachten. Und bei dieser Betrachtung muss man nicht stehenbleiben, sondern kann sie dann in einer Ordnung zusammensetzen.

2. Datenschutz als Kombination von Schutzgütern und Schutzkonzepten

Fünf Ebenen von Schutzgütern (2.1) lassen sich identifizieren, dazu eine Anzahl von Schutzkonzepten (2.2).

2.1 Schutzgüter

a) Eigenwert des Menschen

Was nun der letzte und eigentliche Grund für Datenschutz ist, kann nicht eindeutig gesagt werden. § 1 BDSG erwähnt das (privatrechtliche?) Persönlichkeitsrecht. Die verfassungsgerichtliche Ableitung des Informationellen Selbstbestimmungsrechts greift auf das Allgemeine Persönlichkeitsrecht und die Menschenwürde zurück. Im Volkszählungsurteil wird auch auf die Wah-

6 Dieser Ausdruck stammt von Meister, DuD 1986, S. 173, 175.

7 Wegen der Regelungsermächtigungen zugunsten der Mitgliedstaaten ist der verbleibende Anwendungsbereich des „informationellen Selbstbestimmungsrechts" als Grundrecht des Grundgesetzes noch nicht abschließend zu bestimmen.

rung der Autonomie abgestellt. Möglicherweise hat Datenschutz letztlich etwas mit Scham zu tun.[8]

b) Räume und Sphären

Unabhängig von dem letzten Grund für Datenschutz kann man Datenschutz auch von Räumen und Sphären her denken. In einer Art „spacial turn" wird das empfindliche Schutzgut des menschlichen Eigenwerts mit einer Sphäre umgeben, um An- und Eingriffe abzupolstern.

Die älteste Sphäre ist die räumliche, jedermann bekannt als Höhle und Heim. Sie kann aber auch bloß aus Bits und Bytes bestehen, so wie es das Bundesverfassungsgericht mit der Schaffung des „Grundrechts auf Gewährleistung der Vertraulichkeit und Integrität informationstechnischer Systeme" getan hat[9]; hier kann man von einer „logischen Sphäre" sprechen. Und so wie die Rechner und Netzdienste als eine Sphäre verstanden werden können, kann man dies auch bei dem soziale Umfeld einer Person tun als eine „soziale Sphäre".

c) Informationelle Fremdbeschränkung

Die Generalkritik an Sphärenkonzepten im Datenschutz ist, dass sie nur in stabilen und vorhersehbaren Kontexten verlässlich Schutz gewähren.[10] Deshalb beruht das heutige Datenschutzrecht auf einem anderen Ansatz. Es wird häufig und unter verkürzender Bezugnahme auf das Volkszählungsurteil als „informationelle Selbstbestimmung" bezeichnet. Tatsächlich ist das Regelungskonzept der heutigen Datenschutzgesetze aber nicht informationelle Selbstbestimmung, sondern informationelle Fremdbeschränkung.[11] Die Datenschutzgesetze mögen das Ziel der informationellen Selbstbestimmtheit verfolgen, das Mittel hierzu ist aber das der informationellen Fremdbeschränkung, wenn dem Betroffenen die Rechtsmacht eingeräumt wird, dem Verarbeiter (verantwortliche Stelle) die Verarbeitung der auf ihn bezogenen Daten zu untersagen und ihn ggf. zur Löschung zu zwingen.

8 Vgl. v. Lewinski, Die Matrix des Datenschutzes, 2014, S. 21 ff.
9 BVerfGE 120, S. 274 ff. – Online-Durchsuchung.
10 Statt vieler Simitis, BDSG, 8. Aufl. 2014, § 1 BDSG, Rn. 66 f.
11 v. Lewinski, Die Matrix des Datenschutzes, 2014, S. 40–48.

d) Informationelle Gestaltung und Verfügung
Wirkliche „informationelle Selbstbestimmung“ besteht bislang (nur) in Form der Einwilligung. Noch steht sie in dem überkommenen Fremdbestimmungskontext (s. o. c)), könnte aber zukünftig in einem marktmäßigen Datenschutz, in dem personenbezogene Güter verkehrsfähig sind und einen Preis haben, eine größere Rolle spielen.

e) Gesellschaftliches Informationsgleichgewicht
Und schließlich hat Datenschutz auch eine (gesamt)gesellschaftliche Bedeutung. Hierauf hatte das Bundesverfassungsgericht in der Volkszählungsentscheidung schon hingewiesen[12], und auch das hessische Landesdatenschutzgesetz enthält in § 1 Abs. 1 Nr. 2 einen Hinweis auf das gesellschaftliche Informationsgleichgewicht.

2.2 Mehrzahl von Schutzkonzepten
In Bezug auf all diese Schutzgüter finden sich jeweils parallele, vergleichbare Schutzkonzepte.

a) Tatsächliche Begrenzungen und Selbstdatenschutz
Informationeller Schutz kann zum einen durch faktische Beschränkungen bestehen oder bewirkt werden. Auch wenn die Datenverarbeitungskapazitäten wachsen und wachsen, werden sie doch (absehbar) niemals so groß sein, dass sie den Menschen als komplexes geistiges Wesen vollumfänglich erfassen können. Das Abbild des Menschen im Computer wird also immer mehr oder weniger verschwommen bleiben.

Dieses (Ab-)Bild einer Person kann die Person selbst noch weiter vergröbern. Dies wird allgemein Selbstdatenschutz genannt. Mittel des Selbstdatenschutzes reichen vom Vorhang über die Browser- und Verschlüsselungseinstellungen bis zum Einnahme bestimmter sozialer Rollen bzw. deren Anpassung.

Auf der Ebene des gesellschaftlichen Informationsgleichgewichts etwa kann die Unschärfe der Abbildung der Individuen durch den Einsatz von

12 BVerfGE, 65, S. 1, 43: „Mit dem Recht auf informationelle Selbstbestimmung wären eine Gesellschaftsordnung und eine diese ermöglichende Rechtsordnung nicht vereinbar, in der Bürger nicht mehr wissen können, wer was wann und bei welcher Gelegenheit über sie weiß.“ (Hervorh. v. Verf.).

Privacy Enhancing Technologies (PET) vergrößert werden. In diesem Zusammenhang kann man von Resilienz gegenüber Überwachung sprechen.[13]

b) Normativer Schutz

Der Datenschutz gerade in Deutschland ist sehr stark auf rechtliche Ansätze fokussiert. Dabei geraten die sozialen Normen etwas aus dem Blickfeld. Jedenfalls auf einer interpersonalen Ebene gibt es Regeln, die auch ohne eine rechtliche Flankierung weitgehend befolgt würden: Man späht nicht in anderer Leute Fenster und lungert nicht vor Umkleidekabinen herum. Überhaupt ist die Offenheit in der Kommunikation, jedenfalls außerhalb von Hierarchien, üblicherweise wechselseitig (reziprok). Diese sozialen Normen bilden auf gesellschaftlicher Ebene das, was wir kulturelle Standards oder die Maßstäbe einer Zivilgesellschaft nennen.

c) Institutioneller Schutz

Weiter gibt es noch das Konzept der Institutionalisierung. Institutionalisierung ist ein indirektes Konzept, weil Institutionen geschaffen werden, um einen Zweck zu erreichen. Die Institution ist also nicht Selbstzweck, sondern Mittel zum Zweck. Hier können zwei Arten von Institutionen unterschieden werden: Institutionen in einem organisationellen Sinne und die Institutionalisierung im konzeptionellen Sinne.

Organisationale Institutionalisierung im Datenschutz sind zunächst die Datenschutzbeauftragten und -behörden, ebenso die Stiftung Datenschutz. Auch Verwertungsgesellschaften, die im Zusammenhang mit Modellen der Market Privacy diskutiert werden, wären hierher zu zählen.

Konzeptionelle Institutionalisierung meint aber darüber hinaus Einrichtungen, die Datenschutz bewirken. So ist der Beichtstuhl nicht nur eine informationelle Barriere, sondern auch die holzgewordene Abstraktion der seelsorgerischen Verschwiegenheit. Überhaupt kann das Datenschutzrecht oder die informationsrechtliche Rechtsordnung insgesamt im Sinne der lateinischen „Institutiones" als Einrichtung verstanden werden.

d) Abstraktion zu einem vorgelagerten Schutzgut

Für den Datenschutz typisch ist die Vorverlagerung des Schutzes. Es gibt nicht nur unterschiedliche Schutzgüter im Bereich des Datenschutzes, sondern sie stehen auch in einem Stufen- oder Kaskadenverhältnis zueinander.

13 Vgl. Raab/Jones/Szekely, Surveillance and Resilience in Theory and Practice, in: Media and Communication 3 (2015), Ausg. 2, S. 21 ff.

So sehen wir, dass die unterschiedlichen Schutzgüter des Datenschutzes jeweils dahingehend miteinander verknüpft sind, dass sie in der Abstraktion (oder Institutionalisierung) ein vorgelagertes verselbständigtes Schutzgut bilden.

3. Zusammensetzung zu einer Matrix

An Versuchen, das Begriffsfeld von Datenschutz und Privatheit zu ordnen, hat es in Vergangenheit und Gegenwart nicht gefehlt.[14] Einen Versuch der Ordnung zu Matrix, Band und Ring hat der Verfasser vor einiger Zeit unternommen.[15] Danach können diese Schutzgüter auf der einen Achse und die Schutzkonzepte auf der anderen zu einer Matrix zusammengesetzt werden.[16] Es entsteht eine Matrix mit fünf Zeilen und – je nach Abstraktionshöhe der Schutzkonzepte – drei bis acht Spalten.

III. Die Vorhersage der Matrix

Die Matrix dient nicht nur als Instrument des Strukturverständnisses, sondern auch zur Vorhersage der weiteren Entwicklung des Datenschutzes.[17] Wenn die Matrix mögliche Konzeptionen von „Datenschutz" darstellt, dann lassen sich Bereiche identifizieren, für die es schon Regelungen gibt und für welche noch nicht. Dies würde dann den Schluss nahelegen, dass zukünftig neben einer Verfeinerung bestehender Felder die neuen konzeptionell noch gefüllt werden.

Von der Warte des deutschen und europäischen Datenschutzes wären dann etwa als kommende Schritte „des Datenschutzes" zu erwarten, dass personenbezogene Daten (auch) als merkantile Güter begriffen werden und dass in diesem Zusammenhang ein (verbraucherschützendes) Datenverkehrsrecht geschaffen wird. Auch der Aspekt wirtschaftlicher und gesellschaftlicher Datenmacht muss zukünftig stärker thematisiert werden. In

14 Andere Ordnungsversuche existieren ebenfalls. Am bekanntesten wohl das "framework of contextual integrity" bei Nissenbaum, Privacy in Context. Technology, Policy, and the Integrity of Social Life, 2010, S. 129–230; und der Versuch eine Taxonomie für "privacy problems" von Solove, Understanding Privacy, 2008, S. 171–197.

15 v. Lewinski, Die Matrix des Datenschutzes, 2014; dazu etwa Weichert, DuD 2015, S. 426.

16 Grafische Darstellung bei v. Lewinski, Die Matrix des Datenschutzes, 2014, S. 88.

17 Diese Überlegung stammt aus v. Lewinski, Die Matrix des Datenschutzes, 2014, S. 89f.

dem Maße, in dem diese neuen Aspekte in den Vordergrund treten, wird das gegenwärtig im Vordergrund stehende Schutzgut der hier so genannten „informationellen Fremdbestimmung" in den Hintergrund treten, aber immer ein Baustein des Datenschutzes bleiben.

IV. Informationelle Selbstbestimmung, Datenschutz und allgemeines Informationsrecht

Mit der Figur der „informationellen Selbstbestimmung" hat das Bundesverfassungsgericht früh ein Konzept für den Schutz des Individuums im Informationszeitalter erdacht. Diese spezifische Konzeption aus dem Volkszählungsurteil ist aber in der europäischen Datenschutzdiskussion auf dogmatischer Ebene nicht übernommen worden. Stattdessen spricht man in Europa (nur) von „Datenschutz".

Aber auch der beschränkte Ausschnitt des „Datenschutzes", der sich nur auf das Verhältnis der Verarbeitung von personenbezogenen Daten einer natürlichen Person durch eine Institution bezieht und damit nur auf einen beschränkten Teilausschnitt informationeller Konflikte, wird dogmatisch den Anschluss an die übrigen Bereiche des Informationsrechts suchen und finden müssen. So wird das Datenschutzrecht ein Pfeiler einer künftigen Informationsrechtsordnung bilden, seine solitäre Stellung und auch so manche dogmatische und institutionelle Eigenheit einbüßen. Jedenfalls ist das bestehende Datenschutzrecht mit dem Verbotsprinzip und umfassend zuständigen Aufsichtsbehörden keine verlockende Blaupause für eine Informationsgesellschaft insgesamt.

Über den Autor:
Kai von Lewinski (Jahrgang 1970); Inhaber des Lehrstuhls für Öffentliches Recht, Medien- und Informationsrecht an der Universität Passau und dort Mitglied des DFG-Graduiertenkollegs „Privatheit". 2013–2014 Wissenschaftlicher Leiter der Stiftung Datenschutz. 2004–2013 Habilitation an der Humboldt-Universität zu Berlin und Lehrstuhlvertretungen. 2000–2004 Rechtsanwalt in Frankfurt am Main und Berlin. 2000 Promotion in Freiburg. 1997–1999 Referendariat in Berlin, Speyer und London. 1991–1996 Jura- und später auch Geschichtsstudium in Heidelberg, Berlin (FU) und Freiburg.

Von Bettina Robrecht

Gesellschaftlicher Wandel und Digitalisierung – Herausforderung für Unternehmen

I. Informationelle Selbstbestimmung im Wandel

1. Informationelle Selbstbestimmung als Grundrecht

Auf internationaler Ebene hat das Recht auf Privatheit und Familie, sowie der Unverletzlichkeit der Wohnung und der Korrespondenz den Status eines Menschenrechts (Art, 8 EMRK, Art. 12 der UN-Menschenrechtskonvention). Auf nationaler Ebene ist das Grundrecht auf informationelle Selbstbestimmung nicht ausdrücklich normiert. Vielmehr formulierte das Bundesverfassungsgericht das Grundrecht erstmals im Volkszählungsurteil von 1983 (1 BvR 209/83) aus und leitete dies aus Art. 1 Abs. 2 i. V. m. Art. 1 Abs. 1 GG ab.[1]

Das Bundesverfassungsgericht hat danach in mehreren prägenden Entscheidungen das Grundrecht weiter ausgeformt, wie z. B. dem Urteil zur Onlinedurchsuchung (1 BvR 370/07), in dem das Grundrecht auf Gewährleistung der Vertraulichkeit und Integrität informationstechnischer Systeme ausformuliert wurde; zur automatischen Kennzeichenerfassung (1 BvR 2074/05) und zur Vorratsdatenspeicherung (1 BvR 1299/05).

Zahlreiche Gesetze enthalten zudem Vorschriften zum Umgang mit personenbezogenen Daten, angefangen vom Bundesdatenschutzgesetz, über bereichsspezifische Regelungen des Telemediengesetzes, des Telekommunikationsgesetzes bis hin zu den Vorschriften der Abgabenordnung und des Sozialgesetzbuchs, um nur einige zu nennen.

---

1 Taeger/Schmidt, in: Taeger/Gabel (Hrsg.), BDSG 2013, Einleitung Rz. 27.

2. Aktuelle Entwicklung

Diesem Stellenwert als Menschenrecht oder Grundrecht scheint die aktuelle Entwicklung unvereinbar gegenüber zu stehen. Derzeit wird viel davon gesprochen, dass Daten der Rohstoff der Informationsgesellschaft, das Gold des digitalen Zeitalters, die Währung im Internet sind. Selbst Unternehmen, deren bisheriges Geschäftsmodell nicht in erster Linie datengetrieben war, kommen nicht umhin, ihre Geschäftsmodelle dahingehend auszurichten, wollen sie bspw. ihre Schnittstelle zum Kunden nicht verlieren. So sind klassische Vertriebsmodelle schon vor Jahren auf Online-Shops erweitert oder gar ganz darauf umgestellt worden. Inzwischen gibt es für nahezu jedes Produkt und jede Dienstleistung Vergleichsportale, die die Angebote der jeweiligen Online-Shops und Anbieter vergleichen und für den Verbraucher das (vermeintlich) günstigste heraus suchen, häufig verbunden mit der Möglichkeit, die Dienstleistung im Anschluss auch zu bewerten. Gleichzeitig ist für viele Nutzer das Einkaufen im Netz, das Navigieren im vernetzten Auto und die Kommunikation nicht nur in Sozialen Netzwerken selbstverständlich geworden. Dienste wie E-Mail-Konten, Messenger-Dienste, Videotelefonie und Soziale Netzwerke großer, in der Regel US-amerikanischer Anbieter werden ganz selbstverständlich genutzt, in aller Regel ohne dass die Nutzungsbedingungen hinterfragt werden, dafür aber kostenlos.

Mobile Apps ermöglichen dem Nutzer die Lokalisierung von Bars und Restaurants und die Ortung von Freunden, die vielleicht gerade in der Nähe sind. Fitness-Apps animieren den Nutzer dazu, seine sportlichen Ziele zu erreichen, sich mit anderen zu vergleichen und sich selbst ständig zu optimieren.[2] Gesundheits-Apps und Videosprechstunden können die ärztliche Versorgung gerade in ländlichen Gebieten unterstützen. Auch die Kinderzimmer sind vor der Digitalisierung nicht mehr sicher, wenn die sprechende Barbiepuppe erst mal auf den Markt kommt. Vielen Nutzern ist dabei bewusst, dass sie den auf den ersten Blick kostenlosen Dienst mit ihren eigenen Daten bezahlen, sie sind sogar in weiten Teilen bereit dazu.[3]

Aber auch die Beschäftigten in Unternehmen erwarten zunehmend, dass sie ihre aus dem privaten Umfeld vertrauten Smartphones auch im dienstlichen Umfeld einsetzen können, was die Unternehmen vor die Herausforderung stellt, diese Geräte in ihre IT-Sicherheitsarchitektur einzubinden. Die

2 Umfassend zum Phänomen Quantified Self: Selke, Lifelogging, 2014.
3 http://www.telekom.com/medien/loesungen-fuer-unternehmen/205852.

technischen und rechtlichen Hürden dabei sind beträchtlich.[4] Die Mitarbeiterinnen und Mitarbeiter wünschen sich eine größere Zeitsouveränität, um sich zeitlich flexibel um Kinder oder pflegebedürftige Angehörige zu kümmern.[5] Laptop, Tablet und Smartphone ermöglichen hier bereits ein weitgehendes orts- und zeitunabhängiges Arbeiten. Nicht zuletzt eröffnet die Digitalisierung neue Möglichkeiten der Selbständigkeit (Crowdworking oder Crowdsourcing), indem Internetnutzer sich auf Aufträge z. B. zur Programmierung oder Designaufgaben bewerben können.[6]

Auch wünschen sich die Mitarbeiterinnen und Mitarbeiter vielfach, dass sie Plattformen zur konzernweiten Vernetzung und informellen Kommunikation vorfinden, ähnlich wie sie es aus den Sozialen Netzwerken gewohnt sind. Es ist nicht davon auszugehen, dass den Beschäftigten dabei jederzeit die Risiken für ihre Persönlichkeitsrechte bewusst sind, die mit den dabei entstehenden Möglichkeiten der Überwachung verbunden sind, selbst wenn sie vom Arbeitgeber gar nicht beabsichtigt ist.

3. Was bedeutet das für die Unternehmen?

Die Unternehmen stehen damit vor der Herausforderung, einem nationalen und europäischen rechtlichen Rahmen gerecht werden zu müssen, der inzwischen nahezu unüberschaubar geworden ist und geprägt ist von unbestimmten Rechtsbegriffen, die zudem aus einer Zeit stammen, die von einer gewissermaßen bipolaren Situation geprägt war: hier der Datenverarbeiter, dort der Betroffene. Die Rollen waren klar verteilt, die technische Situation noch verhältnismäßig übersichtlich. Durch Vernetzung und die Möglichkeit für die Betroffenen, selbst Inhalte im Internet zu generieren, lösen sich die bisherigen Rollen und Modelle auf.[7] Gleichzeitig ist ein Kennzeichen der Digitalisierung auch die Globalisierung. Das bedeutet, die Datenverarbeitung ist typischerweise nicht mehr auf ein Land oder einen Kontinent beschränkt, sondern vollzieht sich weltweit. Das reicht von weltweiten Netzwerken, über Cloud-Anwendungen bis hin zum Follow-the-sun-Prinzip bei Wartung und Support. Durch die weltweite Datenverarbeitung stoßen zudem

---

4 https://www.bsi.bund.de/SharedDocs/Downloads/DE/BSI/Grundschutz/Download/Ueberblickspapier_BYOD_pdf.pdf?__blob=publicationFile.

5 Grünbuch des BMAS, www. Arbeitenvienull.de.

6 Schwemmle/Wedde, Digitale Arbeit in Deutschland, Potentiale und Problemlagen, 2012, S. 63.

7 Spindler, Datenschutz- und Persönlichkeitsrechte im Internet, GRUR-Beilage 2014, S. 104.

unterschiedliche Auffassungen von Privatsphäre und Datenschutz aufeinander, die zu völlig unterschiedlichen Regelungskonzepten führen.

Gleichzeitig spiegeln die Wünsche der Kunden und Beschäftigten die grundsatzliche Bereitschaft, personenbezogene Daten als Währung für Komfort und Konnektivität einzusetzen, auch und gerade gegenüber internationalen Anbietern. Denn auch dies ist ein Merkmal der informationellen Selbstbestimmung: der Betroffene kann über seine Daten verfügen und einer Verarbeitung seiner personenbezogenen Daten zustimmen. Die Nutzer sind also durchaus bereit, von dem ihnen eingeräumten Selbstbestimmungsrecht Gebrauch zu machen und ihre persönlichen Daten als Währung einzusetzen.[8] Ob sie in jeder Konsequenz überblicken, was dies mittel- und langfristig für sie persönlich oder insgesamt für die Gesellschaft bedeutet, ist fraglich.

Jedenfalls sind die Unternehmen in der gewissermaßen unkomfortablen Situation, sich gesetzeskonform verhalten zu müssen in einem rechtlichen Umfeld, das von nicht wenigen als überholt empfunden wird, weil es weder der gesellschaftlichen Entwicklung noch der Entwicklung hin zu einer globalen Datenverarbeitung gerecht wird. Zudem sehen sie sich aufgrund der aktuellen Entwicklungen Kunden- und Mitarbeiterwünschen ausgesetzt, die ggf. den bestehenden Regelungen zuwider laufen. Dies ist insoweit misslich, als viele online-Geschäftsmodelle wegen ihrer Netzwerkeffekte darauf hinaus laufen, dass neue Kunden dahin gehen, wo schon die meisten anderen sind.[9] Am Beispiel der Sozialen Netzwerke wird deutlich, dass sogar Google mit seinem Netzwerk Google+ keine realistische Chance gegen Facebook hat, während Google den Markt der Suchmaschinen jedenfalls in Europa mit einem Marktanteil von mehr als 90 % dominiert – trotz aller Kritik von Datenschützern und Wettbewerbshütern. Es gibt zwar datensparsamere Suchmaschinen und Soziale Netzwerke, aber die sind kaum bekannt und werden demzufolge wenig genutzt.

Angesichts der vorbeschriebenen Entwicklung scheint auf Anbieter- wie auf Betroffenenseite tatsächlich das Bewusstsein dafür zu schwinden, dass Verstöße gegen Datenschutzvorschriften bußgeldbewehrt und in manchen Fällen gar strafbewehrt sind. Das mag daran liegen, dass die rechtlichen Regelungen in ihrer Unübersichtlichkeit als Vollzugshemmnis empfunden werden.[10] In den letzten Jahren wurden zwar vermehrt und auch drastische Bußgelder durch die Datenschutzaufsichtsbehörden verhängt, so u.a. gegen

8 http://www.telekom.com/medien/loesungen-fuer-unternehmen/205852.

9 Keen, Das Digitale Debakel, 2015, S. 83.

10 Roßnagel/Pfitzmann/Garstka, Modernisierung des Datenschutzrechts, 2001, S. 33.

eine namhafte Versicherungsgesellschaft.[11] Allerdings sind Strafverfahren wegen Datenschutzverletzungen so gut wie unbekannt.[12]

II. Technik oder Politik – wer behält die Oberhand?

1. Recht im Gefolge der Technik

Im Grunde ist die Frage bereits beantwortet. Das Datenschutzrecht in seiner Entwicklung war sowohl in der Rechtsprechung als auch in der Gesetzgebung schon immer eine Reaktion auf technische und gesellschaftliche Entwicklung. Das erste Bundesdatenschutzgesetz trat im Jahr 1977 in Kraft, als Reaktion auf die immer stärkere Verbreitung von Großrechnertechnologie in Verwaltung und Wirtschaft. Ein wichtiger Impuls für die weitere Datenschutzgesetzgebung nach dem ersten Bundesdatenschutzgesetz war in der Tat das Volkszählungsurteil des Bundesverfassungsgerichts von 1983 im Ergebnis zu einer Überarbeitung des Bundesdatenschutzgesetzes insbesondere der Vorschriften für den öffentlichen Bereich in 1990 führte. Die BDSG-Novelle 2001 diente u. a. zur Umsetzung der Richtlinie 95/46/EG.[13] Den Novellen 2009 u. a. zu Auskunfteien und Scoring sowie zum Beschäftigtendatenschutz folgte Ende 2010 eine Initiative des Bundesministeriums des Inneren für eine „Rote-Linie-Gesetz"[14], wiederum als Reaktion auf die Entwicklung des Web 2.0, insbesondere auf die so genannten Bewertungsportale („Cyber-Mobbing") und Profilbildung. Nahezu zeitgleich dazu hatte der Bundesrat im Sommer 2011 den Entwurf eines Gesetzes zur Änderung des TMG vorgelegt, der sich ebenfalls mit dem Schwerpunkt Web 2.0 beschäftigte.

Wenn man berücksichtigt, dass nach dem so genannten Moore'schen Gesetz sich die Kapazität von Rechner und Rechnerleistung alle 18 bis 24 Monate verdoppelt, scheint es schlicht unmöglich, dass das Recht vor der Technologie ins Ziel kommt. Dies ist aber kein Grund, nicht zu versuchen, technische und gesellschaftliche Innovationen zunächst in einer differen-

11 http://www.datenschutz.rlp.de/de/presseartikel.php?pm=pm2014122901.

12 Zur Strafbarkeit von heimlicher Ortung mittels GPS-Daten: BGH, Urteil v. 4.6.2013, 1 StR 32/13.

13 Taeger/Schmidt, in: Taeger/Gabel (Hrsg.), BDSG 2013, Einleitung Rz. 5.

14 http://www.bmi.bund.de/SharedDocs/Kurzmeldungen/DE/2010/11/Datenschutzkodex_RoteLinie.html.

zierten politischen und gesellschaftlichen Diskussion zu begleiten und auch rechtlich zu fassen.

2. Aufklärung als Teil einer gesellschaftlichen Debatte

Wenn auch das Recht in aller Regel im Gefolge der technischen und gesellschaftlichen Entwicklung Platz greift, ist es umso wichtiger, die Entwicklungen auf der politischen Ebene auf einer breiten Basis unter gesellschaftspolitischen Aspekten aufgeschlossen aber auch kritisch zu begleiten. Insoweit ist es zu begrüßen, dass sich inzwischen verschiedene Bundesministerien mit der Digitalisierung befassen und dabei die Öffentlichkeit beteiligen. So unterhält das Bundesministerium für Arbeit und Soziales eine eigene Website zum Thema Arbeiten 4.0[15], das Bundesministerium für Wirtschaft und Energie beschäftigt sich gemeinsam mit dem Bundesministerium für Forschung und Wissenschaft mit Industrie 4.0[16]. Wer will, kann sich in der Tagespresse[17] aber auch in zahlreichen Büchern der letzten Jahre[18] über die Auswirkungen der Digitalisierung und die Auswirkungen auf die informationelle Selbstbestimmung informieren.

Teil der Debatte muss aber auch die Aufklärung der Nutzer sein, welche langfristigen Folgen sich für sie aber auch für die Gesellschaft insgesamt aus der Preisgabe ihrer Daten ergeben. Denn die Verantwortung der Nutzer für die Verwendung ihrer Daten aber auch für die Nutzung von Daten Dritter wird weiter steigen. Auch wenn es heute erstrebenswert erscheint, persönliche Daten preiszugeben, um Preisvorteile bei einer Versicherung in Anspruch nehmen zu können, kann sich dies schnell ins Gegenteil verkehren, wenn das Verhalten des Betroffenen nicht mehr dem idealtypischen Bild eines Versicherten entspricht. Die Ausrichtung von Versicherungsprämien am Idealbild des sportlichen, ernährungsbewussten Versicherungsnehmers stellt gleichsam nebenbei das bisherige Solidarsystem in Frage. Die Selbstdarstellung in Sozialen Netzwerken kann nachteilige Folgen bei einem beruflichen Wechsel haben. Das mobile Arbeiten ermöglicht eine Ortung des Mitarbeiters. Die Verschmelzung von Datenverarbeitung, Kommunikation und privaten Fotos auf dem dienstlichen Smartphone lässt die Bildung ei-

15 www.arbeitenviernull.de.

16 http://www.plattform-i40.de.

17 http://www.faz.net/aktuell/wirtschaft/smarte-arbeit/.

18 Heller, Post-Privacy, 2011; Kurz/Rieger, Die Datenfresser, 2012; Selke, Lifelogging, 2014; Schaar, Das Digitale Wir, 2015.

nes Bewegungs- und Verhaltensprofils des Mitarbeiters zu. Diese Beispiele zeigen, dass eine Transparenz, die nur auf die eigentliche Datenverarbeitung abstellt und langfristige Wirkungen außer Acht lässt, zu kurz greift. Auch wenn die bisherigen Instrumente der Transparenz an ihre Grenzen stoßen, weil kaum jemand seitenlange Ausführungen am Smartphone liest, so sind die Betroffenen doch stärker als bisher über die Folgen der allgegenwärtigen Datenverarbeitung zu informieren und aufzuklären. Insofern muss sich möglicherweise der Schwerpunkt der Transparenzbemühungen verschieben.

3. Neue Ansätze im Datenschutzrecht

Gleichzeitig muss es darum gehen, die bisherigen Regulierungskonzepte und Regelungsinstrumente des Datenschutzrechts zu hinterfragen. Bereits 2001 konstatierten die Gutachter zur Modernisierung des Datenschutzrechts, dass die bisherigen Regelungskonzepte keine geeigneten Antworten mehr liefern für die wechselnden Rollen des Datenverarbeiters einerseits und des Nutzers als eigener Datenproduzent andererseits.[19] Inzwischen ist auch klar, dass die Instrumente der Transparenz und der Zweckbindung sowie die Anforderungen an eine Einwilligung des Nutzers an ihre Grenzen stoßen: Die Transparenz schon deswegen, weil die Technik das Leben erleichtern soll und den Nutzer nicht mit ausführlichen und komplexen Ausführungen zu den technischen Vorgängen belasten soll; die Einwilligung scheint angesichts der Vielzahl von Datenverarbeitungen, die inzwischen mehr und mehr autonom ablaufen, kaum noch den Anforderungen an eine informierte Einwilligung entsprechen zu können; und die Zweckbindung widerspricht dem Gedanken, einer umfassenden und nahezu vollständigen Technikunterstützung im Alltag.[20]

III. Die Erwartungen der Betroffenen

Angesichts der geradezu exponentiellen Entwicklung der Technik allein in den letzten 10 Jahren und des damit einhergehenden Nutzerverhaltens fällt jede Prognose darüber schwer, was die Betroffenen sich in 5 oder 10 Jah-

19 Roßnagel/Pfitzmann/Garstka, Modernisierung des Datenschutzrechts, 2001, S. 23.

20 Roßnagel, Datenschutz im 21. Jahrhundert, in: Aus Politik und Zeitgeschichte, 5–6/2006, S. 13.

ren wünschen, wenn es um den Schutz ihres informationellen Selbstbestimmungsrechts geht.

Viele Nutzer – und nicht nur junge Nutzer – bewegen sich unbefangen und selbstverständlich im Netz, weil sie die unbestreitbaren Chancen der Digitalisierung für sich nutzen möchten. Das geht vom Einkaufsverhalten über die Kommunikation bis hin zur Erwerbsarbeit. Auch hier bietet die Digitalisierung vielfältige Chancen, die schon vorerwähnte Zeitsouveränität ist nur eine davon. Diese Entwicklung scheint auch unumkehrbar, zu sehr haben wir uns an die Vorteile gewöhnt, so scheint es.

1. Verschiebung auf der Zulässigkeitsebene

Vereinfacht gesagt, bewegen sich die Datenschutzvorschriften auf zwei Ebenen: auf der Ebene der Zulässigkeit an sich (das Ob und Was) der Datenverarbeitung und auf der Ebene des Wie, der so genannten technisch-organisatorischen Maßnahmen der Datenverarbeitung.

Auf der Zulässigkeitsebene ist bereits eine Verschiebung der Erwartungen zu beobachten, jedenfalls soweit es um die Nutzung von Daten als Währung geht. Die vorbeschriebene Entwicklung im Nutzer- und Kundenverhalten nämlich hat Einfluss auf eine zentrale Zulässigkeitsnorm des Datenschutzrechts, die Interessenabwägung. Danach sind die berechtigten Interessen der verantwortlichen Stelle gegen die schutzwürdigen Belange des Betroffenen abzuwägen. Während für ein Unternehmen die berechtigten Interessen noch verhältnismäßig leicht zu bestimmen sind – Steigerung der Profitabilität, Optimierung der Produktionsabläufe, Vernetzung der Mitarbeiter –, ist die Definition der schutzwürdigen Belange des Betroffenen schon ungleich schwieriger, da sie im Grunde für jeden Betroffenen im Einzelfall ermittelt werden müssen. Gab es 1983 im Zusammenhang mit der geplanten Volkszählung noch einen gewissen Konsens, was privat und was öffentlich ist und dass das Private in jedem Fall schützenswert ist, löst sich dieser Konsens derzeit zugunsten der Kommerzialisierung von Daten auf.[21] Allerdings wird es auch in Zukunft noch diejenigen geben, die nicht bereit sind, ihre Daten um jeden Preis einzusetzen, die sich datensparsam verhalten wollen. Und vermutlich wird es künftig auch eine Gruppe derjenigen geben, die nach einer anfänglichen Begeisterung wieder Abstand nehmen von Sozialen Netzwerken oder allzu datenintensiven Angeboten.

21 Masing, NJW 2012, S. 2305 (2308).

Die große Herausforderung in der Zukunft wird sein, mit den Mitteln des Rechts diejenigen zu schützen, die im doppelte Wortsinn datensparsam sein wollen, die zwar die Chancen von Technik und Apps nutzen wollen, dabei aber nicht ohne weiteres die datengetriebenen Geschäftsmodelle der Anbieter unterstützen möchten. Insofern wird es auch für die Unternehmen darum gehen, Alternativen zu den bestehenden online-Angeboten zu entwickeln, die diesem Gedanken Rechnung tragen – auch wenn das eine oder andere Angebot dann nicht mehr kostenlos ist. Auch wird es darum gehen, denjenigen, die ihre Daten in Sozialen Netzwerken oder bei anderen Onlinediensten preisgegeben haben oder deren Daten dort preisgegeben wurden, einen rechtlich und technisch umsetzbaren Weg zu eröffnen, ihre Daten „zurückzuholen". Das von der EU-Datenschutzgrundverordnung vorgesehene „Recht auf Vergessenwerden" (Art. 18 DS-GVO-E) ist ein Schritt auf dem Weg dahin.

2. Schwerpunkt Datensicherheit

Die Betroffenen sind bei aller Technikaffinität aber durchaus um die Sicherheit und den Schutz ihrer Daten besorgt. In verschiedenen Studien und Umfragen verleihen sie immer wieder ihrer Besorgnis über die Datensicherheit Ausdruck. Als Beispiele seien hier die Umfragen des Branchenverbandes BITKOM[22] sowie der Initiative „Deutschland sicher im Netz"[23] genannt. Darin bekunden die Nutzer, dass sie bei der Nutzung von Onlinediensten Angst vor Spionage- oder Schadsoftware haben, Angst vor Identitätsdiebstahl oder aber vor einem Betrug im Internet. Tatsächlich haben viele Nutzer bereits die Erfahrung von Spammails und Virenbefall gemacht. Insoweit wird die Datensicherheit künftig eine größere Rolle spielen. Dabei geht es nicht nur um datenschutzfreundliche Voreinstellungen (privacy by design und privacy be default), sondern auch um die Absicherung der technischen Systeme. Beide Aspekte greift die EU-Datenschutzgrundverordnung in ihrem Kapitel IV ausdrücklich auf. Danach werden die für die Datenverarbeitung Verantwortlichen verpflichtet sein, Strategien und Maßnahmen für die Datensicherheit zu ergreifen und die Folgen der Datenverarbeitung in einer Datenschutzfolgenabschätzung zu dokumentieren.

22 http://www.bitkom.org/files/documents/Vertrauen_und_Sicherheit_im_Netz.pdf.

23 https://www.sicher-im-netz.de/sites/default/files/download/dsin-index-2014_web.pdf.

Es ist also nicht damit zu rechnen, dass die Erwartungen der Bürgerinnen und Bürger an Politik und Gesetzgeber an den Schutz ihrer personenbezogenen Daten absinken. Die Erwartungen der Nutzer werden sich voraussichtlich verschieben von der Ebene der Zulassigkeit der Datenverarbeitung hin zur Datensicherheit. Die Zulässigkeit der Datenverarbeitung möchten die Betroffenen vermutlich künftig noch stärker selbst steuern, einfach indem sie bestimmte Dienste nutzen und ggf. auch mit gestalten. Sie werden aber mehr Wert darauf legen, dass ihre Daten sicher sind im Sinne eines Schutzes vor unbefugtem Zugriff und unbefugter Überwachung. Übersetzt man die Ängste und Sorgen der Bürger aus den vorzitierten Studien in eine Erwartungshaltung gegenüber dem Gesetzgeber, so steht zu erwarten, dass die Nutzer strengere und effektivere Regeln zur Datensicherheit erwarten, verbunden mit einer angemessenen Rechtsdurchsetzung.

Über die Autorin:
Bettina Robrecht, LL.M. (Informationsrecht), Rechtsanwältin, Leiterin Mitarbeiterdatenschutz bei der Deutschen Bahn, hat Rechtswissenschaften in Passau und Frankfurt am Main studiert und zuletzt berufsbegleitend den LL.M. Informationsrecht an der Carl von Ossietzky Universität Oldenburg erworben. Sie ist seit 1998 als Unternehmensjuristin und Syndikusanwältin mit dem Schwerpunkt Datenschutz und Informationsrecht tätig, zunächst in der Rechtsabteilung, später auch als betriebliche Datenschutzbeauftragte. Seit Oktober 2012 leitet sie die Abteilung Mitarbeiterdatenschutz der Deutschen Bahn und ist dort u. a. verantwortlich für die datenschutzrechtliche Beratung der operativen Personalprozesse sowie die Begleitung von Innovationsprojekten unter dem Schlagwort Digitalisierung im Beschäftigungsverhältnis. Daneben ist sie Mitglied der Deutschen Gesellschaft für Recht und Informatik (DGRI).

Von Peter Schaar

Datenschutz ohne Zukunft?

I. Erbe des 20. Jahrhunderts

Die gar nicht so neue Frage, ob der Datenschutz eine Zukunft habe, muss angesichts der Geschwindigkeit der informationstechnischen Entwicklung immer wieder gestellt werden, denn mit jeder Innovation ergeben sich neue Herausforderungen. Um einen Eindruck davon zu bekommen, wie sich die Technik weiterentwickelt, lohnt ein Blick in die gar nicht so ferne Vergangenheit. Beginnen wir also unsere Zeitreise im Jahr 1990.

Damals gab es durchaus schon Computer, es gab Datenschutzrecht und es gab – zumindest in Deutschland – auch Behörden, die auf die Einhaltung der rechtlichen Vorgaben zu achten hatten. Die zunächst durch das Bundesverfassungsgericht in seinem berühmten Urteil von 1983 gestoppte Volkszählung lag wenige Jahre zurück und in der Öffentlichkeit waren die Warnungen vor dem Überwachungsstaat noch präsent, symbolisiert vor allem durch George Orwells Roman „1984“ (der Roman war indes bereits 1948 verfasst worden und das Jahr 84 war nichts anderes als eine Vertauschung der Ziffern 4 und 8). In der Europäischen Union wurde über einen gemeinsamen Rechtsrahmen diskutiert, der schließlich 1995 in Form der immer noch gültigen EG-Datenschutzrichtlinie beschlossen wurde.

Schon in den 1990er Jahren wirkte das „Moore'sche Gesetz“, wonach sich die Leistungsfähigkeit der IT-Komponenten alle 18 bis 24 Monate verdoppelt. Datenschützern war durchaus bewusst, dass sich damit auch die Bedingungen für einen wirksamen Datenschutz verändern. Technologie sollte in den Dienst des Datenschutzes gestellt werden. Die Schlagworte „Systemdatenschutz“, „technologischer Datenschutz“ und „Datenschutz durch Technik“ stammen aus dieser Zeit. Mit dem deutschen „IuK-Dienste-Datenschutzgesetz“ (IuKDG) wurde 1997 der erste Versuch unternommen, datenschutzfreundliche Techniken, insbesondere anonyme und pseudonyme Nutzungsmöglichkeiten, rechtlich verbindlich zu normieren. Die seinerzeit entwickelten Vorgaben zur Datenvermeidung und „Datensparsamkeit“

haben inzwischen in das Bundesdatenschutzgesetz Eingang gefunden (§ 3a BDSG). Privacy by Design und Privacy by Default gehören heute in den globalen datenschutzrechtlichen Instrumentenkasten wie Privacy Enhancing Technologies (PET) und sie sollen zukünftig auch das neue europäische Datenschutzrecht prägen, das nach zweijähriger Übergangszeit im Jahr 2018 in Kraft treten soll.

Betrachtet man allerdings die erfolgreichen Informations- und Kommunikationssysteme und die ihnen zu Grunde liegenden Geschäftsmodelle, sind starke Zweifel an der Wirkmächtigkeit der hergebrachten rechtlichen Konzepte des Datenschutzes – darunter der Grundsatz des Verbots mit Erlaubnisvorbehalt – angebracht. Danach ist die Verarbeitung personenbezogener Daten grundsätzlich nicht gestattet, soweit keine ausdrückliche gesetzliche Erlaubnis dafür vorliegt.

Zwar bekennen sich viele Behörden und IT-Unternehmen heute zum Datenschutz und umfangreichste Datenschutzerklärungen finden sich auf vielen Websites. Doch bei näherem Hinsehen erweist sich, dass es sich dabei vielfach um Lippenbekenntnisse handelt. Unter der Überschrift „Datenschutzerklärung" finden sich vielfach nicht einmal die simpelsten Grundsätze des Datenschutzes, etwa die Beschränkung der Datenverarbeitung auf das wirklich Erforderliche, die Zweckbindung der Daten und ein umfassendes Auskunftsrecht über die zur eigenen Person gespeicherten Informationen. Stattdessen befinden sich in den „Datenschutzerklärungen" alle möglichen, für den nicht vorgebildeten Leser nur schwer verständlichen Bedingungen und Klauseln, die letztlich darauf hinauslaufen, dass der Nutzer sich mit einer umfassenden Verwendung und Weitergabe seiner Daten einverstanden erklärt. Ehrlicher wäre es in solchen Fällen, von einer „Datenschutzverzichtserklärung" zu sprechen.

Vielfach erfolgt die Einwilligung durch pauschales Akzeptieren der Datenschutz- und Nutzungsbedingungen. Bisweilen müssen die Nutzer nicht einmal ausdrücklich ihr Einverständnis bekunden – der Kauf eines Fitness-Armbands oder die (Weiter-) Nutzung eines Dienstes wird als datenschutzrechtliche Einwilligung interpretiert. Durch solche Praktiken wird die Einwilligung, die eigentlich das Recht auf informationelle Selbstbestimmung des Betroffenen gewährleisten sollte, zu einem Instrument pervertiert, mit dem sich die Unternehmen ihr teils extremes Abweichen von den gesetzlichen Vorgaben absegnen lassen. Wer nicht einverstanden ist, kann den entsprechenden Dienst nicht in Anspruch nehmen.

Zu Recht wird die Frage gestellt, ob derartige „Einwilligungen" überhaupt wirksam sein können, bei denen der Betroffene die Tragweite nicht wirklich nachvollziehen kann und bei denen eine echte Freiwilligkeit nicht gegeben ist. Die Koppelung eines Dienstes an die Einwilligung in die Verwendung der bei der Nutzung anfallenden personenbezogenen Daten für völlig andere Zwecke, insbesondere zur Profilbildung für Werbung und Marketing, ist insbesondere dann problematisch, wenn es de facto keine wirklichen Alternativen zu den entsprechenden Diensten gibt. So hat Facebook in bestimmten Altersgruppen eine nahezu vollständige Marktabdeckung. Nutzer, die – um Ihre Privatsphäre zu schützen – ihre Einwilligung verweigern, verlieren auf diese Weise wichtige Kommunikationsmöglichkeiten. Wer unter diesen Bedingungen trotzdem einwilligt, tut dies nicht wirklich freiwillig.

Während die Gesetzgeber auf nationaler und europäischer Ebene bestimmte verfassungsrechtliche Grundsätze auf den Bereich privater Kommunikationsbeziehungen übertragen haben, etwa den Schutz des Fernmeldegeheimnisses durch die Telekommunikationsunternehmen, gelten entsprechende Vorgaben im Internet nur eingeschränkt oder überhaupt nicht. Zwar enthält das Bundesdatenschutzgesetz ein so genanntes „Koppelungsverbot“, wonach ein Unternehmen „den Abschluss eines Vertrags nicht von einer Einwilligung des Betroffenen ... abhängig machen (darf), wenn dem Betroffenen ein anderer Zugang zu gleichwertigen vertraglichen Leistungen ohne die Einwilligung nicht oder nicht in zumutbarer Weise möglich ist. Eine unter solchen Umständen erteilte Einwilligung ist unwirksam“ (§ 28 Abs. 3b BDSG).

Allerdings haben zahlreiche global agierende Internetunternehmen – etwa Facebook – ihre europäischen Hauptniederlassungen in Dublin aufgeschlagen und fühlen sich lediglich an das irische Datenschutzrecht gebunden, das ein Koppelungsverbot nicht enthält. Andere Unternehmen – etwa Google – berufen sich darauf, dass die entsprechenden Dienste ausschließlich aus den USA angeboten werden und dass deshalb europäisches Datenschutzrecht überhaupt nicht gilt.

Auch die Vorgaben des deutschen Telemediengesetzes, wonach der Diensteanbieter „die Nutzung von Telemedien und ihre Bezahlung anonym oder unter Pseudonym zu ermöglichen (hat), soweit dies technisch möglich und zumutbar ist“ (§ 13 TMG), waren deshalb bisher nicht gegenüber den global agierenden Internetanbietern durchsetzbar. Die von Facebook praktizierte Klarnamenspflicht, wonach jeder Nutzer verpflichtet ist, sich mit seinem wirklichen Vor- und Familiennamen bei Facebook anzumelden, widerspricht dieser Vorgabe. Gleichwohl scheiterten bislang die Bemühungen deutscher Datenschutzbehörden zur Durchsetzung der deutschen Bestimmungen gegenüber dem sozialen Netzwerk vor Gericht, da die Richter die Auffassung vertraten, dass auch für die deutschen Facebook-Nutzer ausschließlich irisches Datenschutzrecht verbindlich sei.

II. Datengetriebene Geschäftsmodelle

Das klassische Datenschutzrecht hat den Anspruch, die verfassungsrechtlich verbürgten Grundsätze der Menschenwürde, der freien Entfaltung der Persönlichkeit und der Verhältnismäßigkeit bezogen auf den Umgang mit personenbezogenen Daten zu konkretisieren. Personenbezogene Angaben dürfen nur in dem Umfang erhoben und verarbeitet werden, der für die Erfüllung der jeweiligen Aufgabe oder eines Vertrags erforderlich ist (Erforderlichkeitsgrundsatz). Sie dürfen nur für Zwecke verarbeitet und genutzt werden, die mit dem ursprünglichen Erhebungszweck vereinbar sind (Zweckbindungsgrundsatz). Jedem Betroffenen wird ein unabdingbares Auskunftsrecht hinsichtlich der zu seiner Person gespeicherten Daten eingeräumt, verbunden mit dem Anspruch auf Korrektur falscher oder Löschung unzulässig gespeicherter personenbezogener Daten.

Das Datenschutzrecht konnte in Zeiten von „Small Data“ durchaus Lösungen bereitstellen, die den Interessen der von der Datenverarbeitung betroffenen Personen und den für die Datenverarbeitung verantwortlichen Stellen (Behörden und Unternehmen) gleichermaßen genügten oder sie zumindest zum Ausgleich brachten.

Mit dem Aufkommen immer leistungsfähigerer Informationstechnik, allgegenwärtiger Datenverarbeitung und globaler Vernetzung werden diese ehernen Grundsätze des Datenschutzes in Frage gestellt. Dies gilt insbesondere für „Big Data“-Ansätze, die dem Paradigma folgen, immer größere Datenberge anzuhäufen in der Hoffnung, durch den Einsatz immer leistungsfähigerer Hard- und Software neue Erkenntnisse zu gewinnen. Diesem Big Data-Paradigma folgen auch die erfolgreichen globalen Internetunternehmen, allen voran Google und Facebook. Je umfangreicher die aus dem Nutzungsverhalten gewonnenen Erkenntnisse sind, desto zielgenauer lassen sich Werbebotschaften adressieren und desto genauer passen sich die dargebotenen inhaltlichen Informationen den vermeintlichen oder tatsächlichen Interessen des jeweiligen Nutzers an. Bezogen auf das jeweilige Nutzerprofil für weniger relevant gehaltene Informationen werden nicht oder nur nachrangig verfügbar gemacht. Je zielgenauer die entsprechende Werbebotschaft platziert wird, desto geringer ist der Streuverlust und desto höher ist der Preis, den der jeweilige Werbetreibende zu bezahlen hat. Die Finanzierung der – nur vordergründig kostenlosen – Suchmaschinen, sozialen Netzwerke und anderer Internetdienste erfolgt insofern über eine Art Umwegfinanzierung über die werbende Wirtschaft, die ihre Aufwendungen den Kundinnen und Kunden natürlich über den Preis in Rechnung stellt. Letztlich bezahlen die Nutzer also doppelt: durch ihre persönlichen Daten, die sie dem Anbieter einer Suchmaschine oder Betreiber eines sozialen Netzwerks zur Verfügung stellen und durch den Kauf eines Produkts oder einer Dienstleistung, die auf diese Weise über das Internet vermarktet wird.

Das einzelne Datum, das nach klassischem Datenschutzverständnis danach bewertet wird, ob es für die eigentliche Aufgabenerfüllung erforderlich ist oder eben nicht, verliert an Bedeutung. Gefragt sind immer größere, möglichst aus unterschiedlichen Quellen und Verarbeitungskontexten stammende Daten, die miteinander korreliert werden und dadurch Hinweise auf Zusammenhänge liefern können. In einer Welt von Big Data funktionieren Datenverarbeitungsmodelle, die sich an dem schönen deutschen Wort „Sparsamkeit" orientieren, nicht mehr. Stattdessen gilt: je mehr Daten, desto besser.

Datenschützer würden sich bei dem Versuch überheben, Big Data zu verhindern. Gleichwohl gibt es eine Reihe von Stellschrauben, mit denen sich Datenschutzanforderungen auch angesichts neuer Paradigmen und Technologien durchsetzen lassen.

Anonyme und pseudonyme Nutzungsmöglichkeiten, frühzeitige Anonymisierung personenbezogener Daten und Verwendung kryptographischer Verfahren können die Risiken, die mit der allgegenwärtigen Datenverarbeitung und mit Big Data einhergehen, zwar nicht vollständig verhindern, aber zumindest einhegen. Auch heute steht der Datenschutz in keinem unauflösbaren Widerspruch zu Geschäftsmodellen, die auf der Auswertung großer Datenmengen beruhen. Dies gilt freilich nur, wenn es gelingt, die Sammlung, Aufbereitung und Auswertung der Daten so zu gestalten, dass sie grundsätzlich ohne Personenbezug erfolgen. Bei einem solchen zeitgemäßen Datenschutzansatz geht also nicht darum, das Datenaufkommen insgesamt zu minimieren, sondern die Menge der auf einzelne natürliche Personen beziehbaren Daten. zugleich muss deutlich mehr Augenmerk auf die Verwendung der Daten gelegt werden: Weil Big Data – auch bei Verwendung anonymisierter Daten – mächtige Werkzeuge zur Auswertung, Bewertung und Prognose menschlichen Verhaltens zur Verfügung stellt, bedarf es klarer Regeln und Grenzen. Ansonsten droht eine an vermeintlich objektiven Kriterien orientierte systematische Diskriminierung einzelner Personen und Gruppen anhand statistischer Merkmale.

III. Durchsetzungsschwäche der Datenschutzbehörden überwinden

Das deutsche und europäische Datenschutzrecht wird mit seinen zahlreichen verbindlichen Vorgaben weltweit zu Recht für ausgefeilt gehalten. Man könnte auch sagen: bei uns gibt es ein hohes rechtliches Datenschutzniveau. Trotzdem sieht die Realität vielfach anders aus: Unternehmen sammeln in Europa weitaus mehr Daten als gesetzlich erlaubt und sie halten sich vielfach auch nicht an andere gesetzliche Vorgaben. Noch so gute gesetzliche Vorgaben sind nur so viel wert sind wie ihre tatsächliche Durchsetzung.

Angesichts der Globalität des Internets stellt sich die Frage, inwieweit entsprechende rechtliche Vorgaben überhaupt noch auf nationaler Ebene durchgesetzt werden können. Gerade in Europa, das sich seines hohen rechtlichen Datenschutzstandards rühmt, herrscht eine bedauerliche Durchsetzungsschwäche.

Während in den USA die zuständigen Aufsichtsbehörden wie die Federal Trade Commission (FTC) die im US-Recht vorhandenen datenschutzrechtlichen Regelungslücken und die teils wenig konkreten datenschutzrechtlichen Vorgaben für den nicht-öffentlichen Bereich robust, d.h. gegebenenfalls auch mit hohen Bußgeldern durchsetzen, kann davon in Europa bisher kaum die Rede sein. Dies gilt auch für Deutschland. Die Zurückhaltung der Landesdatenschutzbehörden bei der Verhängung von Bußgeldern und beim Aussprechen von Verarbeitungsverboten bei schwerwiegenden Datenschutzverletzungen erklärt sich zum großen Teil durch die mangelnden Ressourcen. Teilweise werden Datenschutzverstöße auch deshalb nicht sanktioniert, weil den Datenschutzbehörden – insbesondere der/dem Bundesbeauftragten für den Datenschutz – entsprechende Sanktionsmöglichkeiten vom Gesetzgeber schlicht vorenthalten wurden. So ist es skandalös, dass die Bundesbeauftragte für den Datenschutz zwar für die Kontrolle der Einhaltung des Datenschutzes bei den Anbietern von Post- und Telekommunikationsdiensten zuständig ist, jedoch selbst keine Bußgelder bei Datenschutzverstößen verhängen kann. Wenn die BfDI Verstöße feststellt, muss sie die Bundesnetzagentur davon überzeugen, gegebenenfalls ein Bußgeld zu verhängen, was nicht immer gelingt und zudem mit der europarechtlich gebotenen Unabhängigkeit der Datenschutzaufsicht nicht vereinbar ist.

Es ist zu hoffen, dass die anstehende EU-Datenschutzreform, insbesondere die Datenschutz-Grundverordnung, der Durchsetzungsschwäche der europäischen Datenschutzbehörden endlich den Garaus macht.

IV. Beschränktheit nationalen Rechts

Während in der Europäischen Union seit 1995 – mit der Datenschutzrichtlinie 1995/46 – immerhin ein gemeinsamer Rechtsrahmen für den Datenschutz besteht, der allerdings in den 28 EU-Mitgliedstaaten unterschiedlich umgesetzt wurde, fehlen verbindliche globale Datenschutznormen weitestgehend. Zwar enthält Art. 12 der Allgemeinen Erklärung der Menschenrechte der Vereinten Nationen von 1948 Garantien für das Privatleben, doch mangelt es hier an Verbindlichkeit und Rechtsdurchsetzung. Dies gilt auch für andere globale Rechtsakte, wie den Internationalen Zivilrechtspakt, der die in der Menschenrechtserklärung aufgestellte Maxime des Schutzes des Privatlebens aufgreift.

Bis heute, nahezu 50 Jahre nach Inbetriebnahme der ersten Vorläufer des heutigen Internets, fehlen international verbindliche Standards und Rechtsnormen zum Schutz der Privatsphäre und zum Datenschutz. Einem globalisierten Netz steht ein unvollständiges Patchwork nationaler und regionaler Datenschutzbestimmungen gegenüber, deren Wirksamkeit auch territorial begrenzt ist. Bisher gelingt es lediglich den USA und China aufgrund ihrer Größe und technologischen Potenz, ihre jeweiligen nationalen Rechtsvorschriften im Internet weit gehend durchzusetzen, zum Teil auch zulasten des Datenschutzes und anderer Rechtsgüter und – im Falle Chinas – im Hinblick auf völlig inakzeptable Zensurbestimmungen.

Seit den auf Edward Snowden zurückgehenden Veröffentlichungen zu den globalen Überwachungsaktivitäten von US-Geheimdiensten kann eigentlich niemand mehr leugnen, dass auch die Vereinigten Staaten die Privatsphäre und den Schutz der persönlichen Daten nicht in dem gebotenen Maße gewährleisten. Vor diesem Hintergrund ist es eine bemerkenswerte Entwicklung, dass der europäische Gerichtshof (EuGH) in seiner jüngeren Rechtsprechung der Gewährleistung der in Art. 7 und 8 der EU-Grundrechtecharta verbürgten Rechte auf Wahrung der Privatsphäre und des Schutzes personenbezogener Daten zum entscheidenden Kriterium bei der Erhebung personenbezogener Daten, ihrer Verwendung durch globale Internetunternehmen und beim internationalen Datentransfer erhoben hat.

Insbesondere das Urteil des EuGH zum System eines „sicheren Hafens“ vom 6. Oktober 2015 verdeutlicht, welche Bedeutung das höchste Gericht der Europäischen Union, der Gewährleistung der in der Grundrechtecharta verbürgten Garantien zumisst. Das Urteil wirkt weit über den eigentlichen Streitgegenstand hinaus. Der irische Datenschutzbeauftragte muss der Frage nachgehen, ob Facebook Ireland die personenbezogenen Daten seiner Nutzer in die Vereinigten Staaten weitergeben darf. Er kann sich einer solchen Überprüfung nicht mit dem Hinweis darauf entziehen, dass die EU-Kommission in ihrer „Safe-Harbor“-Entscheidung im Jahr 2000 den Vereinigten Staaten ein angemessenes Datenschutzniveau bescheinigt hat, soweit sich die Datenempfänger zu den „Grundsätzen eines sicheren Hafens“ bekennen, wie dies seitdem mehr als 5.000 US-Unternehmen getan haben.

Das höchste EU-Gericht hat auch festgestellt, dass die Safe-Harbor-Vereinbarung nicht den Anforderungen von Art. 7 und 8 der EU-Grundrechtecharta genügt. Letztlich unbegrenzte Zugriffsmöglichkeiten von US-Geheimdiensten auf Daten europäischer Herkunft verletzten den Kernbereich der Grundrechte. Die sehr weit gehenden Befugnisse widersprächen zudem den grundlegenden Anforderungen an ein rechtsstaatliches Verfahren, denn betroffene EU-Bürger hätten in den USA keinen Anspruch darauf, bei US-Behörden Auskunft über die Datenverarbeitung zu erlangen und die entsprechenden Zugriffe und die anschließende Datenverarbeitung gerichtlich überprüfen zu lassen. Das Safe-Harbor-Abkommen sei deshalb ungültig.

Für Facebook und die übrigen Unternehmen, die sich in den vermeintlich sicheren Hafen geflüchtet hatten, bedeutet das Urteil zunächst, dass die Verarbeitung personenbezogener Daten, die aus der EU übermittelt wurden, nicht mehr der Vermutung unterliegen, sie würden in Übereinstimmung mit dem EU-Datenschutzrecht verarbeitet. Sie benötigen für den Datentransfer grundsätzlich die Genehmigung durch die zuständigen Datenschutzaufsichtsbehörden der EU-Mitgliedstaaten. Die Datenschutzbehörden dürfen diese Genehmigung nur erteilen, wenn der Datenempfänger – bezogen auf die jeweiligen Daten – ein angemessenes Datenschutzniveau gewährleistet. Dieser Nachweis dürfte insbesondere denjenigen Unternehmen schwer fallen, die an der Massenüberwachung durch US-Geheimdienste mitgewirkt haben.

Schwer vorstellbar ist, dass Facebook, Microsoft, Google & Co. einfach auf ein anderes Instrument „umschalten" können, das die Angemessenheit des Datenschutzes garantieren soll, etwa auf die sog. „Standardvertragsklauseln", die ebenso wenig wie der „sichere Hafen" vor staatlicher Überwachung schützen. Die vom EuGH formulierten Anforderungen sind auch auf sie anwendbar. Auch die Änderung der Vertragsbestimmungen mit den Nutzern in der Weise, dass diese in die mögliche Überwachung durch die NSA und andere Behörden einwilligen, wäre keine tragfähige Lösung. Zwar haben Betroffene grundsätzlich die Möglichkeit, in das Eingehen besonderer Risiken einzuwilligen, auch soweit diese den Umgang mit ihren Daten betreffen. Eine pauschale Einwilligung in staatliche Überwachung durch einen Drittstaat, verbunden mit dem Verzicht auf Rechtsschutz und auf das nach EU-Recht unabdingbare Auskunftsrecht bezüglich der eigenen Daten wäre jedoch unwirksam.

V. Perspektiven

Damit der Datenschutz nicht zu einer unbeachtlichen Randnote der Informationsgesellschaft degeneriert, muss auf verschiedenen Ebenen etwas geschehen: Rechtlich, technologisch, wirtschaftlich und nicht zuletzt politisch.

Auf der rechtlichen Ebene bietet zunächst die europäische Datenschutzreform die Chance, die in der EU-Grundrechtecharta verbürgten Rechte auf Wahrung der Privatsphäre und Schutz personenbezogener Daten zu konkretisieren. Wenn in den 28 Mitgliedstaaten der EU zukünftig nur noch ein Datenschutzrecht gilt statt 28 unterschiedlicher Datenschutzgesetze, würde dies den Datenschutzraum Europa mit seinen mehr als 500 Millionen Bürgerinnen und Bürgern (und potentiellen Kunden!) im globalen Kontext aufwerten. Dies setzt allerdings voraus, dass das neue EU-Datenschutzrecht anders als das bisherige auch konsequent durchgesetzt wird, gegebenenfalls auch gegen die Widerstände global agierender Konzerne und ausländischer Staaten. Die Datenschutz-Grundverordnung soll etwa gewährleisten, das sämtliche Unternehmen, die in Europa ihre Dienste anbieten und dabei personenbezogene Daten verarbeiten, an das EU-Recht gebunden sind (Marktortprinzip). Die Reform soll den unabhängigen Datenschutzbehörden europaweit dieselben Instrumente zur Verfügung stellen, damit sie dieselben wirksamen Sanktionen verhängen können, insbesondere Bußgelder, die wehtun und sich an der wirtschaftlichen Leistungsfähigkeit der jeweiligen Unternehmen orientieren. Die Verpflichtung zur Zusammenarbeit und gegebenenfalls Mehrheitsentscheidungen des europäischen Datenschutzausschusses soll zudem verhindern, dass die nationalen Datenschutzbehörden von mächtigen, global agierenden Unternehmen oder staatlichen Stellen gegeneinander ausgespielt werden.

Die EU-Datenschutzreform ist allerdings nur ein erster Schritt in einem globalen Umfeld, in dem der Datenschutz keinesfalls selbstverständlich ist. Längerfristig besteht der einzige Weg zu einem wirksamen globalen Datenschutz darin, den in der UN-Menschenrechtserklärung, in der EU-Grundrechtecharta und in vielen Verfassungen demokratischer Staaten garantierten Grund- und Menschenrechte auf Privatsphäre und Datenschutz endlich global durchzusetzen.

Trotz allem wird es zu verhindern sein, dass mächtige Geheimdienste und manche Unternehmen sich auch in Zukunft nicht an rechtliche Vorgaben halten, egal ob durch nationales oder internationales Recht definiert. Umso wichtiger werden technologische und organisatorische Vorkehrungen gegen die umfassende Registrierung, Ausforschung und Massenüberwachung. So müssen Unternehmen – sowohl die Absender als auch die Empfänger personenbezogener Daten – dafür sorgen, dass die ihnen anvertrauten Daten nicht weiter leichte Beute für die Überwacher sind: Durch Kryptographie, Standortentscheidungen für Server und andere Netzkomponenten und ggf.

durch sorgfältige Auswahl von Geschäftspartnern, etwa bei der Auftragsdatenverarbeitung oder bei der Erbringung sonstiger IT-Dienstleistungen.

Nicht nur bei der Abwehr der Massenüberwachung sondern auch bei der Gewährleistung des Datenschutzes im Alltag sind technologische Faktoren von zunehmender Bedeutung. „Privacy by Design“, also Datenschutz durch Technik, hat vielfältige Aspekte: Die datenschutzfreundliche Ausgestaltung von IT-Verfahren durch Unternehmen und Behörden, die restriktive Festlegung der Datenschutz-Voreinstellungen bei der Auslieferung von Geräten und Diensten (Privacy by Default) und, last but not least, den digitalen Daten-Selbstschutz, seien es Verschlüsselungslösungen oder wirksame Werkzeuge zur Tracking-Abwehr.

Angesichts der zunehmenden Ausforschung unseres Alltags entsteht ein wachsender Markt für datenschutzfreundliche Produkte und für solche Lösungen, die Datenschutzrisiken transparent machen, begrenzen und abwehren. Wenn im Zuge derartiger Entwicklungen bestimmte datengetriebene Geschäftsmodelle nicht mehr funktionieren sollten, wäre dies nicht allzu schade. Die Kostenlos-Mentalität, die in den letzten Jahren gerade von Unternehmen erfolgreich vorangetrieben wurde, die von der für die Betroffenen völlig intransparenten „Daten-Währung“ profitieren, kann im Hinblick auf die Wahrung von Grund-und Bürgerrechten im Internetzeitalter keine dauerhafte Lösung sein. Damit der Datenschutz auch im 21. Jahrhundert eine Zukunft hat, ist ein Umdenken nicht nur bei den politisch Verantwortlichen, Informatikern und Unternehmen notwendig, sondern auch bei den IT-Nutzern – also bei uns allen!

Über den Autor:

Vorsitzender der Europäischen Akademie für Informationsfreiheit und Datenschutz, Bundesbeauftragter für den Datenschutz und die Informationsfreiheit a. D. (2003–2013).

Von Julia Schramm

Im Zeitalter von Post-Privacy

Seit wenigen Jahren, vor allem seit dem Durchbruch Sozialer Medien, läuft die Debatte über informationelle Selbstbestimmung auf Hochtouren. Kommunikationskonzerne wie Google, Facebook, Twitter und Co. verdienen mit ausufernder Kommunikation Milliarden und haben sich am internationalen Konzernhimmel festgesetzt. Spätestens mit den Enthüllungen durch Edward Snowden im Sommer 2013 ist darüber hinaus eins sicher: Die Geheimdienste nutzen die neuen Technologien exzessiv und die Konzerne stehen tatkräftig zur Seite. Es scheint, dass Privatsphäre und das Recht auf informationelle Selbstbestimmung Konzepte sind, die aus einer fast schon anderen Zeit stammen, einer analogen Zeit, die bereits überholt wurden, Konzepte, die kaum mehr durchzusetzen sind. Das liegt zum einen an der engen Zusammenarbeit von Staaten und Konzernen, welche die Privatsphäre als Abwehrrecht untergräbt. Zum anderen aber am Kommunikationsverhalten der Nutzer/-innen selbst und der Struktur digitaler Kommunikation an sich. Skandale wie der um das Seitensprung-Portal „Ashley Madison“ haben deutlich gemacht, dass es für weitreichende Zugriffsmöglichkeiten auf private Daten durch Fremde keiner NSA bedarf. So genanntes Doxing – also das Veröffentlichen höchst sensibler Daten wie Adresse, Sozialversicherungsnummer, Kontodaten et al. – hat in den vergangen Jahren mehrfach demonstriert, dass Gefahren an vielen Stellen von Privatpersonen bzw. zu Gruppen formierten Privatpersonen, die außerhalb virtueller Verbindungen nicht miteinander in Verbund stehen, ausgehen, dass insbesondere Frauen Opfer von Gewalttaten werden, denen umfassende Datenleaks vorausgegangen sind.[1]

Gleichzeitig ändert das Wissen darüber, dass theoretisch Alle Alles lesen können, dass die NSA tatsächlich versucht alles zu lesen, dass private Daten plötzlich viral gehen können und dass die privaten Plattformanbieter mit staatlichen Behörden zusammenarbeiten und die Daten nicht nur an

---

1 Vgl. Keats Citron, Hate crimes in cyberspace, Harvard University Press 2014.

Firmen verkaufen, sondern auch für politische Verfolgung zur Verfügung stellen, nichts daran, dass die Nutzung der Kommunikationsmöglichkeiten im Internet weiter zunimmt, mehr Menschen ihren Weg in die digitalen Sphären finden. Schon jetzt gibt es auf diesem Planeten mehr Smartphones als Zahnbürsten. Doch warum scheint die Mehrheit der Menschen sich für die umfassenden Eingriffe in ihre Privatsphäre, die digitale Kommunikation nachweislich bedeutet, nicht zu interessieren? Und wie wird die Entwicklung weitergehen? Dafür lohnt sich ein Blick auf die Beschaffenheit des Begriffs „Privatsphäre".

Privatsphäre ist ein bürgerliches Konzept, dass in der uns bekannten Form erst mit dem modernen Staat in der europäischen Neuzeit entsteht. Nach den blutigen Gesinnungskriegen im Anschluss an die europäische Reformation wurde der absolutistische Staat als Garant für den Frieden konzipiert, in dem Gesinnung keine Rolle spielen sollte, denn der Kampf um die richtige Gesinnung, so hatte sich gezeigt, war die größte Bedrohung des Friedens. Der Anfang moderner Privatsphäre als Abwehrrecht, als Grundrecht, wurde somit von einem Denker formuliert, den wir gemeinhin nicht als einen Vordenker für Menschenrechte kennen: Thomas Hobbes. Bei ihm liegt die gedankliche Trennung in Mensch und Bürger/-in, in Privat und Öffentlich im modernen Sinne, im modernen Staat. Denn um des Friedens Willen soll der Staat seine Bürger/-innen nicht nach ihrem Glauben beurteilen, sondern nach ihrem Handeln – Glaube und Bekenntnis müssen bei den Hobbschen Bürger/-innen nicht identisch sein. Und in diesen Spalt zwischen fides und confessio, wo Carl Schmitt den Todeskeim des Leviathan ausmachte, wuchs mit der Neuzeit das Bürgertum rein, welches sich von den aristokratischen Herrscher abzugrenzen suchte, das durch Industrialisierung und die Veränderungen im Warenverkehr zu einem mächtigen Interessenvertreter geworden ist und kein Interesse an höfischer Gängelung hat, daran, dass sie dem dekadenten Hof Geld leihen, welches dann mit einem Federstrich einfach verpufft. Dieser Moment ist der Anfang der Privatsphäre, wie wir sie kennen, wo Literatur- Lesekreise und revolutionäre Ideen, ja die Aufklärung, entstehen.[2]

Das Bild von Privatsphäre als nicht-staatlicher Sphäre der Freiheit, der Autonomie und Selbstbestimmung ist bis heute ein Ideal und seit dem zweiten Weltkrieg ein anerkanntes Grundrecht. Und auch wenn es sich aus marxistischer Kritik heraus eher um eine Selbstbestimmungssimulation handelt,

2 Vgl. Koselleck, Kritik und Krise, Eine Studie zur Pathogenese der bürgerlichen Welt, Freiburg/München 1959, Frankfurt a. M. 1973.

solange die ökonomischen Zwänge ausgeblendet werden, ist es ein verständliches Ideal. Die Möglichkeit sich frei zu entfalten, Mensch zu werden, das, was wir als menschliche Würde definieren, zu spüren. Privatsphäre ist ein Garant für die demokratisch-freiheitliche Grundordnung, eine zivilisatorische Errungenschaft.

Doch warum verkaufen Menschen ihre Daten dann nicht mal für ein Appel und ein Ei? Warum liefern sie im Rausch der Selbstdarstellung Firmen und dem Staat tiefste private Einblicke? Warum interessieren sie sich kaum für Datenschutz, protestieren nur in homöopathischen Dosen gegen die digitale Einschmelzung bürgerlicher Freiheitsrechte? Der gängige Vorwurf der naiven Nutzung sozialer Netzwerke ist vielleicht etwas unpräzise, der Umgang nicht naiv, sondern Ausdruck eines fundamentalen, menschlichen Bedürfnisses. Eines Bedürfnisses nach Kommunikation, das stärker ist, als die Angst vor dem Eingriff in die, reichlich subjektive und opake, Privatsphäre. Es gibt wenig so mächtiges, belohnendes und aufregendes wie zwischenmenschliche Kommunikation. Und die krasse Vernetzung durch Technologie der letzten Jahre ermöglicht völlig neue Formen von Macht, Belohnung und Aufregung. Einen Ausbruch aus den manchmal sehr beengenden Regeln bürgerlicher Moralvorstellungen. Denn es lässt sich festhalten, dass so sehr Bürgertum und das damit verbundene Konzept der Privatsphäre Freiheit bedeuteten und bedeuten, Privatsphäre auch Isolation heißen kann, gedecktes Unrecht, Auslieferung.[3] Das Verbannen grundlegender menschlicher Triebe aus dem Öffentlichen in die Privatsphäre ist so eine zivilisatorische Errungenschaft und gleichzeitig eine von Bigotterie geprägte Entwicklung, die unterdrückend wirkt für diejenigen, die dem bürgerlichen Ideal nicht entsprechen zu vermögen. Triebregelungen im Zivilisationsprozess heißt es bei Norbert Elias ganz neutral.

Diese bestehenden Triebregelungen sind seit dem Entstehen Sozialer Netzwerke einer Rebellion ausgesetzt, der die Idealist/-innen für eine perfekte Nutzer/-innenwelt machtlos entgegen blicken. Menschen schreiben explizit über Sexualität, ihren Verdauungstrakt, ihre Essgewohnheiten, über all jene Dinge, die im Zuge der zivilisatorischen Triebregelung und im Namen bürgerlicher Moral nicht so gerne öffentlich ausgebreitet werden. Die als trivial, unwichtig, ja obszön wahrgenommen werden. Menschen stellen sich mit Genuss selbst dar, präsentieren sich, geben alles preis. Moderne Gesellschaften basieren im Kern auf Vermittlung, oder wie es Marx etwas

3 Vgl. Ritter, Die Dynamik von Privatheit und Öffentlichkeit in modernen Gesellschaften, Wiesbaden 2008.

unpräzise nannte: Entfremdung, und die damit verbundene Autonomie des Subjekts ebenso, wie die damit verbundene Isolation, was die narzisstische Selbstbeschäftigung zu einer Suche nach dem unmittelbaren Selbst, wie auch Ausdruck des Bedürfnisses nach zwischenmenschlicher Kommunikation macht, denn Kommunikation basiert immer auf einem Subjekt, von dem die Kommunikation ausgeht. Mehr noch: Selbstdarstellung bedeutet Kommunikation, ist Ausdruck genau dieses Bedürfnisses nach Kommunikation mit anderen. Dem Bedürfnis Teil von etwas zu sein, dabei zu sein, mitreden zu können und zu dürfen. Viele Menschen fühlen sich in den gesellschaftlich festgezurrten Bahnen ungehört. Dass das Internet nun für diese Ungehörtheit neue Ausbruchsmöglichkeiten schafft, erklärt wahrscheinlich den anhaltenden Erfolg Sozialer Netzwerke. Menschen haben plötzlich einen Raum sich zu artikulieren, den sie vorher nicht hatten. Dass das auch hoffnungsvolle Seiten hat, zeigt sich in den aufkeimenden Revolten überall auf der Welt, die sich mit Hilfe Sozialer Netzwerke organisieren. Und eben im Hinterfragen von Moralvorstellungen, die zum Beispiel Frauen- und Homosexuellenrechte beschränken. Gleichzeitig zerfließt die bürgerliche Privatsphäre, die bürgerliche Moral in der Demokratisierung des Publizierens, schafft neue Räume und Vorstellungen von Privatsphäre, die noch enger um das Individuum geschnürt ist, als damals, als mit Privatsphäre noch die wirtschaftliche Versorgungsgemeinschaft, die bürgerliche Großfamilie, gemeint war.[4] Elfriede Jelinek sagte in einem Interview:

„Es hat etwas sehr Privates für mich, dieser Dialog zwischen einem Gerät und mir selbst. Gleichzeitig hat jeder darauf Zugriff, der will. Diese Mischung aus Privatem und Öffentlichem hat mich von Anfang an fasziniert. Ich will ja meine Sachen im Grunde nicht ausliefern, und so habe ich das Gefühl, ich kann den Kuchen essen und ihn gleichzeitig behalten.“[5]

Das Smartphone als zwischenmenschliche Krücke, als Ort der Selbstreflexion, aber auch des sachten, des erträglichen Kontaktes mit den Mitmenschen. Für Jelinek ein nachvollziehbares Paradies – es lässt sich vermuten, dass sie mit ihrer Mutter auch lieber per WhatsApp kommuniziert hätte. Soziale Medien als Ort des Austausches, der Freude, der Rebellion, des Ausbruchs? Einerseits.

Andererseits sind Sozialen Medien eine unvergleichliche Verwertungsmaschine geworden, in denen die Aufgabe von Privatsphäre nicht nur ein

4 Vgl. Habermas, Strukturwandel der Öffentlichkeit, Untersuchungen zu einer Kategorie der bürgerlichen Gesellschaft, Frankfurt a. M. 1990.

5 http://fiktion.cc/elfriede-jelinek/.

Akt persönlicher Freiheit ist, sondern auch ein Geschäftsmodell, in dem das Private, das Menschliche und letztlich das Subjekt endgültig zur Ware wird. Über Big Data wird einerseits in Kooperation von Staaten und Konzernen ein feinmaschiges Kontrollnetz aufgebaut, wenn es um Krankheitsdaten geht. Wir können das, wenn es um so genannte eHealth geht, in Ansätzen schon beobachten. Was gemeinhin als übertrieben und dystopisch abgetan wird, passiert bereits: Gesundheitsdaten werden massenhaft gesammelt. Mit Hilfe von verschiedensten Apps sammeln Menschen, mehr oder minder freiwillig und bewusst, massenhaft Daten zu Ernährung, Gesundheitsstatus, Menstruationszyklus und alles was damit verbunden ist. Jetzt schon ist es möglich das Twitterverhalten mit dem Monatszyklus abzugleichen, Krankheitsverläufe detailgenau zu erfassen. Gleichzeitig wird das Korsett der organisierten Krankheitsversorgung enger geschnürt – die Kontrolle über den Krankenkassenbeitrag bedeutet tiefe Einschnitte in die private Lebensführung, denn jede Gefährdung, jedes Abweichen von dem, was medizinisch dem Körper helfen kann oder soll, wird sich in einer Erhöhung des Beitrages ausdrücken können. Der Körper, die Gesundheit wird in Datenform zur Ware.

Auf der anderen Seite steht ein breit gefächertes Spektrum auf Privatsphäre basierender Geschäftsmodelle. Allen voran die so genannten YouTuber/-innen, die mit kurzen Videos ein Millionenpublikum anziehen. Die Videobloggerin Dagibee beispielsweise verdient ihr Geld damit, vor der Kamera alles auszuplaudern, was ihr so in den Sinn kommt – sie erzählt ganz privat von sich, ihrer Beziehung, ihren Eltern und so weiter. Nicht ungewöhnlich für einen Star, jedoch wurde Dagmara Nicole, die ihren Nachnamen bezeichnenderweise privat hält, mit diesen Dauereinblicken in ihr Privatleben berühmt. Was mit Big Brother Ende der 90er begann – nämlich das industrielle Blicken hinter die private Fassade anderer Leute – ist 20 Jahre später ein legitimer Karriereweg: Blogger/-in. Instagram, Twitter, Facebook, Snapchat, Youtube – je mehr Fans, desto lauter klingelt die Kasse. Die Grenzen zwischen öffentlich und privat verschwimmen komplett. Wenn Dagibee auf ihrem Bett sitzt und aus ihrem Tagebuch vorliest, ist es nicht einmal relevant, ob es gestellt ist oder nicht, ob sie wirklich das „allererste Mal seit Jahren“ in das niedliche Büchlein mit Schloss guckt. Ihre Fans glauben es ihr. Ihre Fans haben sie deswegen zum Star gemacht, weil sie sich wie das nette Mädchen von nebenan gibt, ihre Geheimnisse teilt, die so seicht sind, dass ein Millionenpublikum nicht verstört wird und fleißig die Produkte kauft, die Dagibee bewirbt.

Mit der Privatsphäre wird das Individuum zur Ware – und dank Apps und Sozialer Medien ist es so einfach, dass es geradezu gern geschieht. Und was nicht absolut gerne geschieht, geschieht im Zweifel über sozialen Druck.

Denn die Sozialen Medien sind auch eine Kontrollpeitsche des Zeitgeistes geworden, wo jede Abweichung von der gesetzten Norm gesellschaftlich geächtet und bestraft wird. Sind die Sozialen Medien also eine Chance für bisher ungehörte Ideen und Vorstellungen und eine Hilfe in der Überwindung tradierter und falscher Werte, so sind sie auch ein Instrument sozialer Kontrolle durch Psychoterror und verbale Gewalt. „Stalken“ – eigentlich ein Straftatbestand – wird mehr und mehr als normales Verhalten gesetzt. Hierbei verschwimmen die Grenzen von krankhaft und ironisch-witzigem Gebrauch des Wortes komplett – stalken wir nicht alle ein bisschen? Stalken ist geradezu der Begriff der Stunde: Der Staat, die Wirtschaft, die Gesellschaft suchen, speichern und verarbeiten Daten von Menschen, erpressen sie damit, stellen sie an den Pranger, zerstören Beziehungen, blamieren sie, stellen sie bloß und zerstören letztlich ihr Leben. Jedes getippte Wort wird zur Waffe gegen diejenigen geschmiedet, die es verfasst haben. Jedes getippte Wort, jede Erfassung des eigenen Gewichts kann die Existenz kosten. Während jedoch Informationen schon immer Macht waren und im Machtkampf genutzt wurden, können wir nun eine neue Qualität beobachten, die der schieren Masse und der daraus resultierenden Willkürlichkeit entspringt: 15 Minuten Ruhm für jeden hieß das bei Warhol – konkret bedeutet es aber nur, dass es jeden und jede jederzeit treffen kann, in den Fokus der mediatisierten Öffentlichkeit zu geraten, mit Haut und Haaren dem wachsamen und unerbittlichen Blick der Massen ausgeliefert zu sein, so dass 15 Minuten im Auge des Shitstorms schnell zu einer Woche Dauertheater und einem unendlich klingelnden Telefon werden können und manchmal ein ganzes Leben nachklingen. Denn digitaler Ruhm bedeutet vor allem all das, was das Berühmtsein eigentlich unerträglich macht – ständige Überwachung durch Medien und Fans, Häme, Hass, Missgunst, Lügen, Verrat. Selbst Neid zieht jeder noch so kurzlebige Ruhm auf sich. Im Zeitalter von Post-Privacy sind so genannte Shitstorms auch im Kern keine Peinlichkeit mehr – vielmehr Distinktionsmerkmal für all diejenigen, die sich in den Massen verloren fühlen. Und die Massen bekommen im digitalen Zeitalter, in der Ära von Post-Privacy eine andere, eine neue Dimension und Bedeutung. Was Arendt über die Massen schrieb, dass sie „wirklich den Zeitgeist [verkörpern] und nichts sonst“ weswegen sie „auch nur von allgemeinsten Parolen, die nur dem geschichtlichen Moment überhaupt, aber keiner konkreten politischen Situation mehr entsprechen, anzusprechen und zu mobilisieren“[6] sind, beschreibt die Massen, die sich in den Sozialen Netzwerken aufhalten, recht gut. Getrieben vom Zeitgeist,

6 Arendt, Elemente totaler Herrschaft, Frankfurt a. M. 1958, S. 11.

technischen Möglichkeiten und dem Ringen um Ressourcen, immer auf der Jagd nach der nächsten Empörung, der erlösenden Push-Nachricht auf dem Smartphone, die das ganze Leben verändert, dem befreienden Gefühl, auf der richtigen Seite zu stehen, Teil einer Bewegung zu sein, gegen Unterdrückung zu kämpfen. All das bedeuten die Sozialen Medien, die den Massen neue Formen des Ausdrucks ermöglichen. Die Massen sind mit den Sozialen Medien erst richtig in Bewegung gekommen und sie werfen bisher gekannte Konzepte und Regeln über Bord. Vor allem jene, die ihr entgegenstehen. Wie die Privatsphäre beispielsweise.

Privatsphäre ist ein Format der Grenzziehung, eine Perspektive, wie es Beate Rössler formuliert, weiter gefasst sogar die Ermächtigung, Grenzen zu ziehen. Privatsphäre ist sozusagen das Instrument des Individuums, sich als solches wirkmächtig und sozial zu konstituieren. Eigentlich ein vernachlässigtes Gegenprodukt der modernen Staatenentwicklung, ist Privatsphäre heute einer der wesentlichen Kernfragen modern-digitaler Zeiten – ein Schutzraum, den viele nicht mehr zu schätzen wissen. Und diese Entwicklung ist gerade erst am Anfang. Die Smartphonenutzer/-innen werden mehr, die Datenmengen werden mehr, die Auswertung wird besser, gezielter, genauer. Die wirtschaftliche Lage wird prekärer, die globalen Grenzverschiebungen und Fluchtbewegungen mehr. Universelle Grundrechte sind eigentlich wichtiger denn je. Doch der Widerstand gegen sie ist ebenso groß. Nicht nur von Konservativen und Rückwärtsgewandten. Kritik an universalistischen Konzepten, die von weißen, männlichen Eigentümern handeln, die Divergenzen von diesen nicht zulassen, sind nicht universalistisch und haben entsprechend keinen universellen Reiz. Das Konzept Privatsphäre muss und wird ebenso neu gedacht werden, wie die globalisierten Gesellschaften nach dem „digital turn".

In größerem Ausmaß gedacht kommt nach den industriellen Revolutionen nun also die digitale, vielleicht befinden wir uns sogar inmitten einer zweiten, einer digitalen Aufklärung, deren Dialektik wir bisher nur bedingt erfassen können. Festzuhalten ist jedoch, dass es eine Zeit des Aufbruchs ist, der Veränderung, neuer Hierarchien, neuer Herrscher/-innen. Eine Zeit nach der bürgerlich-analogen Privatsphäre, aber auch nach dem Zeitalter der europäischen Moderne. Eine Zeit, in der Grenzen überschritten werden, Grenzen verzogen werden. Privatsphäre ist eine der Grenzen, die sich über die Zeit herausgebildet hat, eine spätestens vom Verfassungsgericht gesetzte Grenze für Staat, aber auch Gesellschaft und Wirtschaft. Eine Grenze, die von denen, die sie beschränken soll genauso bekämpft und missachtet wird, wie von denen, die eigentlich von ihr profitieren sollen. Privatsphäre ist ein viel missachtetes, weil selbstverständliches Grundrecht in unseren Zeiten.

Und gleichzeitig ist der Datenschutz, die rechtlich-konkrete Ausformung der Privatsphäre im deutschen Recht, zu einem zahnlosen Tiger geworden, der sich mit Bedenkenträgerei aufhält, anstatt die großen Fragen direkt anzugehen. Da werden Bibliotheken geschlossen, weil der Datenschutz nicht gewährleistet werden kann. Als ginge es um Brandschutzbestimmungen. Dabei geht es um viel mehr und die Frage, ob der Kampf für eine gerechte Gesellschaft zu gewinnen ist, wird sich in den nächsten 10–20 Jahren entscheiden. Und deswegen bedeutet das Zeitalter der Post-Privacy auch der Kampf um die Frage, ob das Individuum letztlich wirklich ins Recht gesetzt wird.

Über die Autorin:

Julia Schramm, geb. 1985, ist Politikwissenschaftlerin und Autorin. Sie studierte an der Rheinischen Friedrich Wilhelms Universität Bonn Politikwissenschaft, Amerikanistik und Öffentliches Recht und schloss ihr Studium 2010 mit einem Magistra Artium ab. Seit 2012 promoviert sie an der Humboldt Universität Berlin zur Dialektik des Privaten. Außerdem arbeitet sie bei der Amadeu Antonio Stiftung als Fachreferentin für Hate Speech und als Redakteurin bei no-nazi.net. Im Januar 2015 startete sie den Merkel-Blog. Seit Mai 2015 schreibt sie eine Merkel-Kolumne für die Wochenzeitung „Jungle World“ mit dem Titel „Die Dunkle Raute der Macht.“ Von 2009 bis 2014 war sie Mitglied der Piratenpartei und u. a. Mitglied des Bundesvorstandes. Im September 2012 erschien ihr schriftstellerisches Debüt „Klick mich“ – eine Auseinandersetzung mit dem Aufwachsen im Internet. Bei Hoffmann und Campe erscheint im Frühjahr 2016 ihr Buch „50 Shades of Merkel“ über die Bundeskanzlerin.

Von Christiane Schulzki-Haddouti

Des Kaisers neue Kleider – Wie sieht eine angemessene Datenschutzkontrolle aus?

Die EU-Datenschutzreform ist verabschiedet. Angesichts vieler neuer Regelungen stellt sich die Frage, wie diese durchgesetzt – und kontrolliert werden soll. Die Bestellung von Datenschutzbeauftragten in den Betrieben und Behörden ist künftig davon abhängig, welche und wie viele Daten verarbeitet werden und nicht mehr davon, wie viel Mitarbeiter sich in einem Unternehmen mit personenbezogenen Daten beschäftigen. Den Mitgliedstaaten bleibt es überlassen, weitergehende Regelungen zu treffen. Ein weiterer Kontrollbaustein sind Zertifizierungen, wobei die Zertifizierungsstellen unabhängig und fachkundig sein müssen. Schließlich soll die Datenschutzkontrolle finanziell und personell angemessen ausgestattet werden, doch dafür gibt es noch keine Anzeichen.

I. Ein, zwei Stellen mehr …

Der prominenteste Kontrollbaustein, die Datenschutz-Aufsichtsbehörde, wird von der Politik bzw. von den Haushaltsausschüssen stiefmütterlich behandelt. Seit Jahren dürfen sich die Behörden darüber freuen, wenn das Personal nicht gekürzt wird und vielleicht sogar um ein oder zwei Stellen aufgestockt wird. Dass es ganz anders geht, zeigt sich in den Debatten, die unter dem Vorzeichen „Sicherheit“ geführt werden. Ohne nennenswerte Diskussion wurde etwa mit der Verabschiedung des IT-Sicherheitsgesetzes auch der Personalbestand des Bundesamts für Sicherheit in der Informationstechnik (BSI) um ein Drittel auf 765 Stellen aufgestockt. Die Bundesdatenschutzbeauftragte, die sich gerade mal auf 85 Stellen stützen kann, erhielt aber keine einzige. Dabei müssen die Datenschützer nicht nur das Grundrecht auf Gewährleistung der Vertraulichkeit und Integrität informationstechnischer Systeme verteidigen, sondern auch das Grundrecht auf informa-

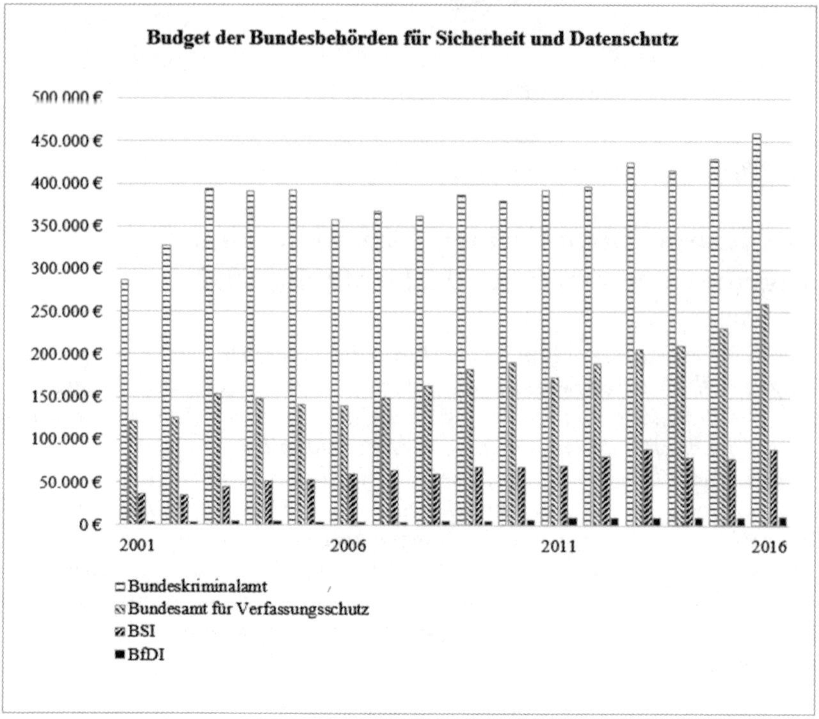

Abbildung 1: Während der Bund das Budget seiner Sicherheitsbehörden in den letzten 15 Jahren kräftig aufstockte, stagnierte das der Bundesdatenschutzbeauftragten nahezu. Allein nach dem Telekom-Schnüffel-Skandal gab es im Jahr 2009 eine kräftige Erhöhung. *Zahlen: Bundeshaushalt 2001–2015. Grafik: Schulzki-Haddouti*

tionelle Selbstbestimmung und in den meisten Bundesländern inzwischen auch das Grundrecht auf Informationsfreiheit.

Anders als die Datenschutzbeauftragten der Länder und des Bundes, die übrigens zusammen gerade einmal über knapp 600 Personalstellen verfügen – also so viel wie das BSI vor seiner Aufstockung –, berichtet das BSI vergleichsweise spärlich über seine Aktivitäten. Das lässt sich anhand der Tätigkeitsberichte leicht quantifizieren: So enthält der Jahresbericht des BSI gerade einmal 49 Seiten, das macht 1,2 Prozent des Umfangs der gesammelten Tätigkeitsberichte der Datenschutzaufsichtsbehörden aus. Welcher Umfang aber genügt, um ausreichend Transparenz herzustellen? Sind es die rund

50 Seiten des BSI oder die rund 4.000 Seiten der Datenschützer?[1] Und welche Behörde arbeitet effektiver? Das BSI mit seinem IT-Grundschutz-Handbuch oder die Datenschutz-Aufsichtsbehörden, die sich erst vor kurzem mit dem Standard-Datenschutzmodell zu einer strukturierten Prüfmethode bekannt haben? Dazu gibt es leider keine Zahlen.

II. Leitplanken

Wie überhaupt lässt sich feststellen, wie viel Personal eine Behörde braucht? Mit einer konservativen Schätzung, die keine Entwicklungsfaktoren zur Digitalisierung berücksichtigt und die nur von der gegenwärtigen Aufstellung der verschiedenen Behörden ausgeht, kann man zu dem Ergebnis kommen, dass die Behörden um den Faktor Drei bis Fünf personell zu schlecht aufgestellt sind.[2] Das Problem aber sind die richtigen Bezugsgrößen für eine wirklich angemessene Ausstattung. Das Europäische Parlament gab anlässlich der EU-Datenschutzreform den Mitgliedstaaten in „Erwägungsgrund 92"[3] die Forderung mit, dass die Aufsichtsbehörden „über angemessene finanzielle und personelle Ressourcen verfügen, um ihre Rolle vollständig wahrzunehmen". Dabei seien „die Bevölkerungszahl und der Umfang der Verarbeitung personenbezogener Daten zu berücksichtigen".

Die Berechnung, wie hoch das Budget einer Behörde sein muss, ist alles andere als trivial: Berücksichtigt man nur die Einwohnerzahl, befindet sich beispielsweise die mit 32,5 Stellen ausgestattete baden-württembergische Aufsicht auf letzter Position: Gerade einmal 19 Cent pro Einwohner gibt das Ländle für den Datenschutz aus.[4] Ausgerechnet das ewig defizitäre Bremen steht mit 1,46 Euro pro Einwohner besser da (vgl. Abb. 2). Wobei Bremen mit 13,5 Stellen zu den kleinsten Aufsichtsbehörden zählt und daher keineswegs als vorbildlich ausgestattet gelten kann. Würde man in Folge dieser

1 Schulzki-Haddouti, Zahlenspielerei zu Aufsichtsbehörden, die IT-Grundrechte wahren sollen, Blogbeitrag, 19.5.2015, http://schulzki-haddouti.de/?p=808.

2 Schulzki-Haddouti, Zu kurz gekommen, Deutsche Datenschutzbehörden leiden unter Personalknappheit, c't 17/2015, S. 76ff.

3 EU-Datenschutz-Wiki, Erwägungsgrund 092, http://www.datenschutz-wiki.eu/wiki/erwagungsgrund-092/.

4 Baden-Württemberg steht mit 19 Cent in Deutschland an letzter Stelle. Österreich gibt nur 17 Cent aus. Wie die Situation in den anderen europäischen Mitgliedstaaten ist, ist nicht bekannt. Eine entsprechende Erhebung der EU-Kommission ist mehrere Jahre alt und damit nicht mehr relevant.

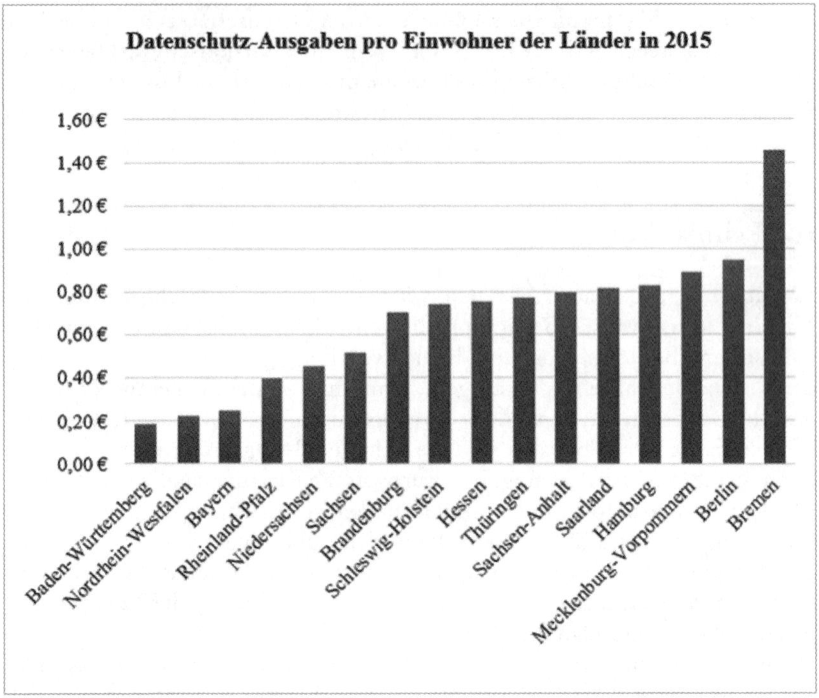

Abbildung 2: 19 Cent gibt Baden-Württemberg pro Jahr pro Einwohner für den Datenschutz aus – im Vergleich zu Hessen jedoch wenig. Die Stadtstaaten geben proportional am meisten aus, doch die tatsächliche Ausstattung bewegt sich im unteren Bereich. *Zahlen: Budgetansätze von 2015 aus den Landeshaushalten, Bevölkerungszahl der Bundesländer laut Bundesamt für Statistik mit Stand 31.12.2013. Grafik: Schulzki-Haddouti*

Betrachtung noch ein wenig mehr an den Relationen und Größenverhältnissen rütteln, würde sich schnell zeigen, dass keine einzige Aufsichtsbehörde adäquat aufgestellt ist – und dass ausgerechnet die Behörden in den wirtschafts- und finanzstarken Bundesbehörden dramatisch unterbesetzt sind (vgl. Abb. 3).

Beispiel Baden-Württemberg: 2013 wurden dort von der Datenschutz-Aufsicht 11 Unternehmen geprüft – immerhin. Manche Aufsichtsbehörden kommen nämlich zu überhaupt keinen Kontrollen mehr. Gleichwohl darf ein baden-württembergisches IT-Unternehmen damit rechnen, nur einmal in 1.500 Jahren von der Datenschutz-Aufsicht geprüft zu werden. Da mitt-

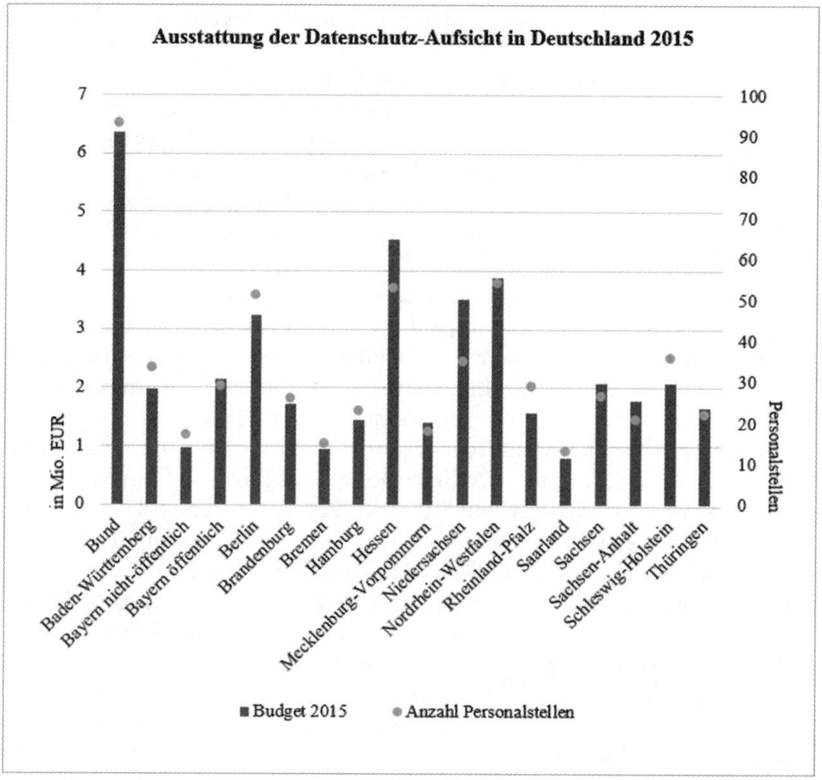

Abbildung 3: Hessen und Berlin ragen im Vergleich von Stadtstaaten und Flächenländern besonders hervor.
Zahlen: Budgetansätze von 2015 aus den Landeshaushalten, Personal nach Angaben der Aufsichtsbehörden. Grafik: Schulzki-Haddouti

lerweile fast jedes Unternehmen personenbezogene Daten mit Datenverarbeitungsanlagen verarbeitet, darf man annehmen, dass ein Unternehmen in Baden-Württemberg nur einmal in 45.000 Jahren kontrolliert wird.

Die Bundesdatenschutzbeauftragte steht vergleichsweise gut da. Sie sagte in diesem Jahr bereits auf mehreren Veranstaltung den folgenden Satz: „Für die Beratung und Kontrolle der ca. 3.500 Telekommunikations- und 1.300 Postdienstleistungsunternehmen stehen mir acht Mitarbeiter zur Verfügung – ein durchschnittlicher Telekommunikationsdienstleister hat daher im Schnitt alle 350 Jahre mit einer anlasslosen Kontrolle zu rechnen."[5]

Es gibt bisher keine eindeutigen gesetzlichen Vorgaben, wie oft ein Unternehmen damit rechnen muss, von der Datenschutz-Aufsicht kontrolliert zu werden. Anhaltspunkt könnten etwa die durchschnittliche Lebensdauer eines Bürgers sein, der den Anspruch erheben könnte, dass ein Unternehmen, das seine Daten verarbeitet, zumindest einmal in seinem Leben geprüft werden sollte. Ein weiterer Orientierungspunkt könnte die Kritikalität der Daten und ihrer Weiterverarbeitung sein.

In anderen Bereichen sind solche und ähnliche Überlegungen durchaus gängig: So schreibt die Betriebsprüfungsordnung vor, ein Unternehmen abhängig von seiner Größenklasse in einem bestimmten Jahresabstand zu prüfen. Laut der Betriebsprüfungsstatistik des Bundesfinanzministeriums aus dem Jahre 2012 werden Großbetriebe alle fünf Jahre, mittelgroße Betriebe alle 15 Jahre und Kleinbetriebe alle 31 Jahre vom Finanzamt geprüft.[6] Selbständige, die jedes Jahr sämtliche Belege mit ihrer Einkommenssteuer mitliefern, müssen praktisch nie mit einer Prüfung rechnen. Die Größenklasse orientiert sich an der Unternehmensart sowie an deren Gewinn und Umsatz – also praktisch am Risiko, welches das Finanzamt mit einer Nichtprüfung eingehen würde. Die maßgeblichen Werte ändern sich laufend und werden vom Bundesfinanzministerium regelmäßig veröffentlicht.[7]

Was für Geldwerte gilt, gilt aber noch nicht für Grundwerte. Würde man von einer annähernd ähnlich hohen Wertschätzung ausgehen, müsste die Datenschutzaufsicht eines Landes mindestens so gut aufgestellt sein wie die Finanzämter eines Landes. Einen Anhaltspunkt liefert Nordrhein-Westfalen, wo es entsprechend der Zahl von Einwohnern und Unternehmen derzeit 104 Finanzämter und drei Finanzgerichte gibt – aber nur einen Landesdatenschützer. Wobei aus Sicht der Gewerkschaften in den Finanzämtern derart viel Personal fehlt, dass dies einer Einladung zur Steuerhinterziehung gleich

5 Quelle: Pressestelle der Bundebeauftragten für den Datenschutz und die Informationsfreiheit, E-Mail an die Autorin vom 27.10.2015.

6 Bundesministerium für Finanzen, Betriebsprüfungsstatistik 2012, https://www.bundesfinanzministerium.de/Content/DE/Monatsberichte/2013/08/Inhalte/Kapitel-3-Analysen/3-4-betriebspruefungsstatistik-2012.html.

7 Eine vergleichbare Statistik gibt es seitens der Datenschutz-Aufsichtsbehörden nicht.

kommt.[8] In Berlin und Brandenburg verglichen die Gewerkschaften die Situation sogar mit Griechenland.[9]

Würden Gerichte vor die Frage gestellt, wie hoch die Kontrolldichte im Bereich Datenschutz sein müsste, würden sie sich wahrscheinlich am Finanzbereich orientieren. Einen ersten Anhaltspunkt gibt die Vorgabe des Bundesverfassungsgerichts, wonach die Anti-Terror-Datei „in angemessenen Abständen", mindestens einmal in zwei Jahren von der zuständigen Datenschutz-Aufsicht geprüft werden muss.[10] Allein um diese Forderung gemäß einer buchstabengetreuen Interpretation des Urteils erfüllen zu können, mussten die allermeisten Behörden eine zusätzliche Personalstelle einrichten – bzw. an anderen Stellen knapsen. Überlegungen, wie das Urteil aber sinngemäß entsprechend der zugrunde gelegten Prinzipien umgesetzt werden könnte, wurden bislang nicht angestellt. Das Gericht forderte überdies den Gesetzgeber auf, Pflichtkontrollen turnusmäßig festzulegen. Dies ist bis heute nicht geschehen.

Die Frage nach der Kontrolldichte stellt sich auch in den Unternehmen selbst: Wie müsste ein Unternehmen sich für die interne Datenschutzprüfung aufstellen? Kleine Unternehmen unterhalten nur einen externen Datenschutzbeauftragten – wohl analog zum externen Steuerberater. Aber in größeren Unternehmen sowie besonders finanz-intensiven Bereichen genügt das nicht mehr. Beispielsweise muss die interne Revision von Banken, die ein bestimmtes Modell zur Berechnung der Eigenkapitalanforderungen anwenden, mindestens einmal im Jahr das gesamte Risikomanagementsystem prüfen.

Es wäre zu erwarten, dass ähnlich strenge Vorgaben auch Unternehmen gemacht werden, die eine intensive Verarbeitung personenbezogener Daten vornehmen. In Deutschland sind bislang nur sehr wenige Unternehmen von sich aus entsprechend organisatorisch aufgestellt. Das Beispiel Deutsche Telekom zeigt, dass eine entsprechende Aufstellung nicht aus freiwilligem Engagement, sondern erst aufgrund schmerzhafter Erfahrungen unternommen wird. 63 Leute arbeiten heute Vollzeit in fünf Abteilungen unter dem Konzerndatenschutzbeauftragten Claus-Dieter Ulmer. Hinzu kommen 170 Pri-

---

8 https://bund-laender-nrw.verdi.de/land/finanzverwaltung/++co++e5dcdcbe-61cc-11e5-a66f-525400248a66.

9 http://berlin-brandenburg.dgb.de/bereiche/arbeit-wirtschaft/wirtschaft/europa/++co++54c0452e-b719-11e1-73c3-00188b4dc422.

10 Bundesverfassungsgericht, Urteil vom 24.4.2013, 1 BvR 1215/07, https://www.bundesverfassungsgericht.de/SharedDocs/Entscheidungen/DE/2013/04/rs20130424_1bvr121507.html.

vacy-Koordinatoren für Schulungsmaßnahmen sowie 20 „Brückenköpfe“ in operativen Einheiten.

Doch Datenschutzkontrolle sollte sich nicht nur quantitativ, sondern auch qualitativ bewerten lassen, was zur nächsten Frage führt: Weiß ein betrieblicher Datenschutzbeauftragte überhaupt, was er in welcher Form zu prüfen hat? Wirtschaftsprüfer wissen genau, was sie ansehen müssen. Wissen das aber auch die Datenschutzbeauftragte, die auf keinerlei formale Ausbildung zurückgreifen können – und die im Vergleich wesentlich komplexere technische, organisatorische und rechtliche Sachverhalte bewerten müssen?[11]

III. Prioritäten und Notlagen

Jeder Leiter einer Datenschutz-Aufsichtsbehörde wünscht sich eine ausgewogene Mischung zwischen Prävention und Kontrolle. Dank seiner Unabhängigkeit kann er theoretisch selbst entscheiden, wie er die Behörde führen will – eher präventiv oder eher repressiv. In der Praxis überwiegt eindeutig der präventive Ansatz der Kontrollbehörden, mehr Wert auf Beratung, denn auf Kontrolle zu legen.

Für den idealen präventiven Ansatz steht die schleswig-holsteinische Behörde. Der ehemalige Leiter der Behörde, Helmut Bäumler, hatte Ende der 90er Jahre das Konzept des „neuen Datenschutzes“ entwickelt, das darauf abzielte, die Unternehmen davon zu überzeugen, aus eigenem Interesse einen guten Datenschutz zu entwickeln. Heute sieht Schleswig-Holstein für die Kontrolle von Unternehmen aber mangels Budget nur zwei Personalstellen vor. Dafür hat sie aber die Datenschutzakademie mit zahlreichen Fortbildungsangeboten, zwei Personalstellen für Zertifizierungen sowie zwei reguläre Stellen für Forschung und Entwicklung unter dem Titel „Privacy by Design“. Weil hier regelmäßig Drittmittel über Forschungsprojekte eingeworben werden, arbeiten hier auch noch weitere sechs Projektmitarbeiter.

Der Schwerpunkt auf der Beratung in der Datenschutz-Aufsicht kann auch als Reaktion auf ein wachsendes Bürgerinteresse gedeutet werden. Das legen zumindest die Zahlen aus Sachsen nahe. Über einen Zeitraum von fünfzehn Jahren nahm die Zahl der Bürgereingaben kontinuierlich zu, die zu

11 Die Deutsche Telekom beispielsweise hat selbst mit 13 Leuten ein „Privacy Security Assessment“ entwickelt, das sie mittlerweile auch außerhalb des Konzerns propagiert. Die zuständige Datenschutz-Aufsichtsbehörde war in die Entwicklung nicht involviert.

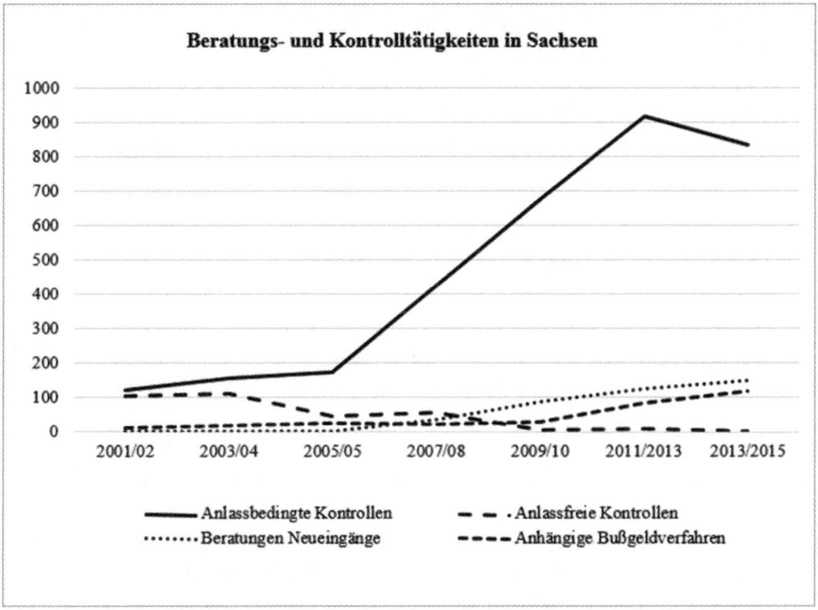

Abbildung 4: Während die anlassbedingten Kontrollen in den letzten Jahren massiv zunahmen, wurden keine anlassfreien Kontrollen mehr durchgeführt.
Zahlen: LfD Sachsen, Grafik: Schulzki-Haddouti

den so genannten „anlassbedingten Kontrollen" führten – wie auch die Zahl der Beratungen. Die anlasslosen Kontrollen hingegen nahmen ab – zuletzt wurde keine mehr durchgeführt (vgl. Abb. 4). Eine starke Inanspruchnahme der Beratungsleistungen kann insofern fast mit einer Art zivilen Denial-of-Service-Attacke verglichen werden.

Helmut Bäumler sieht darin die „typische Entwicklung einer konservativ aufgestellten Datenschutzbehörde" und stellt trocken fest: „Die ertrinken in der Abarbeitung der Bürgereingaben." Der Trend findet sich bei fast allen Datenschutzbehörden wieder: Stagnierende oder gar zurückgehende Kontrollen bei steigenden Beschwerden und Beratungen. Für den altgedienten Datenschützer Spiros Simitis ist dieser Trend „erschütternd". Zeigt er doch, dass die Aufsichtsbehörden von der Politik mehr oder weniger allein gelassen werden. Schlimmer noch: Sie können ihre Kernaufgaben nicht mehr fundiert wahrnehmen, also neue technologische Entwicklungen kritisch zu begleiten und Organisationen zu kontrollieren.

Deutlich wird, dass die Beratungstätigkeit, die Teil des Gesetzesauftrags ist, nicht zum Hauptgeschäft der Datenschutzaufsicht werden darf. Sie ist zweifellos der günstigste Aktivitätsmodus, der vermutlich aber auch die geringsten Nachhaltigkeitseffekte erzielt. Demnach stellt sich auch die Frage nach einem Controlling der Beratungstätigkeiten, also inwieweit diese überhaupt Wirkung zeigen.

IV. Kooperation und Kommunikation

Für mehr Prüfung steht zurzeit die bayerische Datenschutzaufsicht unter der Leitung von Thomas Kranig. Jedes Jahr legt er fest, welchen Bereich er strategisch prüfen will. Außerdem setzt er sich auf Bundesebene für koordinierte Prüfungen bestimmter Branchen ein. Kranigs Befürchtung ist nämlich, dass wenn nur ein einziges Bundesland eine verstärkte Prüftätigkeit entfaltet, die Unternehmen auf die Idee kommen könnten, sich über Standortnachteile zu beschweren. 2015 nahmen sich die Aufsichtsbehörden in Baden-Württemberg, Bayern und Hamburg gemeinsam Dating-Portale vor. Dafür entwarfen sie einen 25-seitigen Prüfkatalog mit rechtlichen und technischen Fragen, die an teils zufällig ausgewählte Portale versandt wurden. Diese mussten die Fragen innerhalb einer bestimmten Frist beantworten. Nach der Auswertung der Antworten sollen einige wenige Portale einer Vor-Ort-Kontrolle unterzogen werden.[12]

Kooperation ist auch in Hinblick auf andere Behörden sinnvoll: So gibt es in Rheinland-Pfalz zwei Medienpädagogen, die den Datenschutz in den Schulen vermitteln sollen. Der ehemalige SPD-Ministerpräsident Kurt Beck hat dafür mehrere Millionen in die Hand genommen. Weil das sinnvoll ist, richtete auch die Datenschutzaufsicht in Mecklenburg-Vorpommern (14 Stellen) zwei Projektstellen ein. Einige andere Behörden versuchen nun nachzuziehen.

Mecklenburg-Vorpommern kümmert sich überdies mit einer Projektstelle um das Thema IT-Sicherheit in den Kommunen, nachdem der IT-Planungsrat von Bund und Ländern angesichts prekärer Ausstattungsverhältnisse darauf verzichtet hat, den Kommunen den IT-Grundschutz verbindlich

12 Bayerisches Landesamt für Datenschutzaufsicht, Liebe im Zeitalter der globalen Vernetzung: BayLDA prüft Dating-Portale, Pressemitteilung, 24.6.2015, https://www.lda.bayern.de/lda/datenschutzaufsicht/lda_daten/150624%20-%20PM%20Dating-Portale.pdf.

vorzuschreiben. Sinnvoll ist auch den Wissenstransfer zwischen der Aufsichtsbehörde und anderen Einrichtungen anzuregen: So können in Baden-Württemberg und Niedersachsen jeweils zwei Multiplikatoren aus der Polizei, der gesetzlichen Krankversicherung sowie Schulen eine Weile bei der Aufsichtsbehörde lernen.

V. Weichenstellungen für die Zukunft

Der Bereich von Forschung und Entwicklung wäre ist ein weiteres strategisch wichtiges Kooperationsfeld. Viele Behörden in anderen Bereichen leisten sich regelmäßig Studien und Gutachten sowie Forschungs- und Pilotprojekte. Mangels Budget ist das jedoch im Bereich des Datenschutzes bisher kaum möglich, obgleich er seit Jahrzehnten im Zentrum einer rasanten technologisch-gesellschaftlichen Entwicklung steht.

Wie hoch der Etat dafür veranschlagt sein könnte, zeigt wieder ein Blick auf das Bundesamt für Sicherheit in der Informationstechnik: 36 Prozent des aktuellen Gesamthaushalts des BSI sind für „Entwicklungsvorhaben und Studien“ reserviert. Für Helmut Bäumler ist das eine „elektrisierende Zahl“. Angesichts dessen, dass andere Behörden wie etwa das Bundesumweltamt sich seit Jahrzehnten umfangreiche Untersuchungen leisten können, mutet es regelrecht kurios an, dass eine entsprechende Budgetierung des Datenschutzes, der sich in einem rasant entwickelnden technisch-gesellschaftlichen Umfeld bewegt, nicht einmal diskutiert wird. Und zwar weder von der Politik, noch von den Aufsichtsbehörden selbst.

Wie wichtig ein Posten für Forschung, Entwicklung und Studien sein könnte, zeigt das Beispiel Scoring: Weil sich die Behörden keine unabhängigen Gutachten zur Beurteilung der Verfahren leisten können, haben sie sich bis heute auf die von den betroffenen Unternehmen vorgelegten Studien verlassen müssen. Und so wurde denn – wenig überraschend – noch nie eines der angewandten „wissenschaftlichen“ Verfahren angezweifelt. Dass diese Beurteilung praktisch nicht vollständig unabhängig erfolgen konnte, hat aber bisher keine Aufsichtsbehörde laut und vernehmlich moniert. Jede arrangiert sich irgendwie mit den als gegeben hingenommenen Arbeitsbedingungen. Allein Hamburg überlegt sich, eine eigene Untersuchung in Auftrag zu geben. Doch die Kosten für eine solche Studie würden das Budget, das auch für Reisekosten und ähnliches eingeplant ist, rasch sprengen.

Ein anderes Beispiel ist die Entwicklung von Datenschutz-Tools für Massenkontrollen. So könnten etwa mit IT-Tools mehrere Tausend Websites automatisch auf bestimmte Eigenschaften hin überprüft werden, so wie es das

Bayerische Landesamt für Datenschutzaufsicht bereits einmal für Mailserver von Unternehmen durchexerziert hat.[13] Eine effektive Massenüberprüfung generiert allerdings auch massenhaft Ergebnisse, die organisatorisch bewältigt werden müssen. In Letzterem ist auch der Grund dafür zu vermuten, dass dieses innovative Prüfbeispiel bislang keine Nachahmer gefunden hat.

Auch im Forschungsgebiet „Privacy by Design“ wäre mehr Engagement notwendig, da es mit der kommenden europäischen Datenschutzreform noch mehr Gewicht erhält als bisher. Das Unabhängige Landeszentrum für Datenschutz (ULD) in Schleswig-Holstein leistet hier seit Ende der 90er Jahre in zahlreichen EU-Projekten Pionierarbeit. Die Entwicklung der attribut-basierten Berechtigungsnachweise beispielsweise hat die Informatikerin Marit Hansen vom ULD vom Konzept bis zur Praxisreife über mehrere EU-Forschungsprojekte hinweg begleitet. Leider ist das ULD bis heute europaweit ein einsamer Vorreiter geblieben. Viele der hier erarbeiteten Tools und Konzepte warten immer noch auf eine Anwendung in der Praxis, weil der Wissenstransfer zwischen Wissenschaft, Aufsichtsbehörden und Unternehmen nicht richtig funktioniert.[14]

Auch zwanzig Jahre nach der Prägung des Begriffs „Privacy Enhancing Technologies (PETs) durch den ehemaligen niederländischen Landesdatenschützer John Borking[15] gibt es keine zentrale Kommunikationsplattform, die bestehende Konzepte und Tools etwa entlang der sieben elementaren Datenschutz-Schutzziele beschreiben und somit einen Einsatz vorbereiten und begleiten würde. Dass das von strategischem Nachteil sein kann, zeigt die Diskussion nach dem Safe-Harbor-Urteil des Europäischen Gerichtshofs[16]: Auf die Frage von Bürgern und Unternehmen, welche Alternativen sie denn zu den amerikanischen Anwendungen wählen sollten, musste das ULD selbst Lösungen recherchieren, statt einfach auf eine Sammlung von

13 Bayerisches Landesamt für Datenschutzaufsicht, Datenschutzprüfung bei Mailservern bayerischer Unternehmen, Pressemitteilung, 9.9.2014, https://www.lda.bayern.de/lda/datenschutzaufsicht/p_archiv/2014/pm012.html.

14 Vgl. ENISA (Hrsg.), Privacy and Protection by Design – from policy to engineering, 2015, http://www.enisa.europa.eu/activities/identity-and-trust/library/deliverables/privacy-and-data-protection-by-design.

15 Borking, Der Identity Protector, Datenschutz und Datensicherheit (DUD) 11/1996, S. 654–658.

16 Europäischer Gerichtshof, Urteil in der Rechtssache C-362-14, Maximilian Schrems/Data Protection Commissioner, http://curia.europa.eu/juris/documents.jsf?num=C-362/14.

datenschutzrechtlich bewerteten Alternativen hinweisen zu können.[17] Wobei andere Aufsichtsbehörden sich erst gar nicht in der Position sehen, ratsuchenden Bürgern und Unternehmen Tipps zu geben.

Eine proaktive Beteiligung der Datenschutz-Aufsicht ist in diesem Bereich gleichwohl wichtig, weil sie die Brücke zwischen Wissenschaft und Recht sowie zwischen Wirtschaft und Gesellschaft bilden kann[18]. Sie kann Anforderungen formulieren und Ergebnisse kommentieren – und sie ist es, die auch in Standardisierungsprozessen wichtigen Input geben kann, damit Technik von Anfang an so datenschutzfreundlich gestaltet wird, dass die „informierte Einwilligung" des Nutzers in die Weiterverwendung seiner Daten überflüssig wird. Eine Einwilligung ist nämlich die Kapitulation des Grundrechte-Schutzgedankens, der hinter der Idee des Datenschutzes steht.

Wie ein hochrangiger Mitarbeiter des Europäischen Standardisierungsinstituts ETSI jedoch feststellte, agieren die Aufsichtsbehörden lieber reaktiv. So findet sich in den zahllosen ETSI-Gremien kein einziger Vertreter der Datenschutzaufsicht.[19] Die Behörden argumentieren – nicht nur mit Blick auf ihre prekäre Personallage – lieber damit, dass ihr Engagement möglicherweise schon als Absegnung entsprechender Standards missverstanden werden könnte. Dahinter könnte jedoch noch ein ganz anderes Problem stehen: So gibt es wohl nur ganz wenige Mitarbeiter in den Datenschutz-Aufsichtsbehörden, die überhaupt fachlich in der Lage und willens wären, nicht nur die Sitzung zu protokollieren, sondern am Tisch auch mitverhandeln zu können.

VI. Unabhängig und uneins?

Mit der europäischen Datenschutzreform wird eine kohärente Rechtsauslegung enorm wichtig. Gerade große Unternehmen fürchten eine zerfledderte

17 Schulzki-Haddouti, Deutsche Datenschutzbehörden prüfen Safe-Harbor-Beschwerden schon jetzt, heise online, 22.10.2015, http://www.heise.de/newsticker/meldung/Deutsche-Datenschutzbehoerden-pruefen-Safe-Harbor-Beschwerden-schon-jetzt-2852683.html.

18 Vgl. ENISA (Hrsg.), Privacy and Protection by Design – from policy to engineering, 2015, http://www.enisa.europa.eu/activities/identity-and-trust/library/deliverables/privacy-and-data-protection-by-design.

19 Schulzki-Haddouti, Schlüsselgewalt: Wer erhält den Schlüssel zum vernetzten Auto?, c't 21/2015, S. 36ff., http://www.heise.de/ct/ausgabe/2015-21-Wer-erhaelt-den-Schluessel-zum-vernetzten-Auto-2815254.html.

Rechtsprechung, da alle Behörden theoretisch voneinander unabhängig agieren können. Beispielsweise sieht der ehemalige Chef von Google und heutige Geschäftsführer des Mega-Konzerns Alphabet, Eric Schmidt, das Internet als zivilisatorische Errungenschaft in Gefahr, wenn die europäischen Aufsichtsbehörden jetzt nach dem Safe-Harbor-Urteil nicht zu einer gemeinsamen Linie finden.[20] Eine zersplitterte Rechtsauslegung würde unweigerlich zur „Balkanisierung" des Internet führen.

Auch wenn dies vermutlich etwas zu dramatisch formuliert ist, zeigt es doch, wie wichtig die Kohärenz ist. Deutschland mit seiner föderalen Struktur kann hier wegweisend für eine europäische Lösung sein – und nicht von ungefähr haben sich die deutschen Aufsichtsbehörden im Herbst 2015 auf ihrer Datenschutzkonferenz erstmals auch eine Geschäftsordnung gegeben, die Mehrheitsentscheidungen zulässt. Gleichwohl konnte kein Konsens darüber gefunden werden, wer im europäischen Raum über welche Themen mit welcher Autorisierung sprechen darf.[21]

Nicht minder wichtig ist, dass auf derselben Veranstaltung nach Jahren der Diskussion[22] das so genannte Standard-Datenschutzmodell[23] verabschiedet wurde, mit dem die Aufsichtsbehörden erstmals ein strukturiertes Prüfmodell zur Hand bekommen.[24] Dieses Modell kann nicht nur im nationalen[25], sondern auch im europäischen Kontext eine entscheidende Rolle spielen, wenn es um gleichwertige, gut begründete Prüfentscheidungen geht. Mit der

20 Price, Eric Schmidt thinks a ruling by Europe's top court threatens "one of the greatest achievements of humanity", Business Insider UK, 15.10.2015, http://uk.businessinsider.com/eric-schmidt-ecj-safe-harbor-ruling-threatens-one-of-the-great-achievements-of-humanity-2015-10.

21 Schulzki-Haddouti, Konferenz der Datenschutzbeauftragten versäumt wichtige Weichenstellungen, heise online, 2.10.2105, http://www.heise.de/newsticker/meldung/Konferenz-der-Datenschutzbeauftragten-versaeumt-wichtige-Weichenstellungen-2836863.html.

22 Beispielhaft sei hier einer der ersten Artikel genannt: Rost/Pfitzmann, Datenschutz-Schutzziele – revisited, DUD 6/2009, S. 353 ff., http://maroki.de/pub/privacy/DuD0906_Schutzziele.pdf.

23 Das Standard-Datenschutzmodell, Konzept zur Datenschutzberatung und -prüfung auf der Basis einheitlicher Gewährleistungsziele, V.0.9. https://www.ldi.nrw.de/mainmenu_Datenschutz/submenu_Technik/Inhalt/TechnikundOrganisation/Inhalt/Standard-Datenschutzmodell/SDM-Handbuch_V09a.pdf.

24 Schulzki-Haddouti, Datenschützer verabschieden neues Prüfmodell, heise online, 1.10.2015, http://www.heise.de/newsticker/meldung/Datenschuetzer-verabschieden-neues-Pruefmodell-2835785.html.

25 Schulzki-Haddouti, Protected in Germany, Deutsche Datenschutz-Vorgaben sind schlechter als ihr Ruf, c't 12/2015, S. 66.

Datenschutz-Grundverordnung ist nämlich eine intensivere und transparente Kooperation der europäischen Aufsichtsbehörden notwendig, die bisher teilweise sehr unterschiedliche Philosophien verfolgen.

Wie schwierig sich eine kohärente Rechtsauslegung gestalten kann, zeigten nach dem Safe-Harbor-Urteil des Europäischen Gerichtshofs die ersten disparaten Versuche der Aufsichtsbehörden, auf einen gemeinsamen Nenner zu kommen: Obgleich ihnen das Gericht ausdrücklich eine Unabhängigkeit in ihrer Kontrolltätigkeit ins Stammbuch geschrieben hatte, zögern viele diese neue Rolle auch anzunehmen.[26]

Dieses Zögern drückte sich bereits zuvor darin aus, dass die allermeisten Aufsichtsbehörden noch nicht benennen wollen, was die EU-Datenschutz-Grundverordnung für sie personell und strukturell bedeuten wird, obgleich diese neuen Aufgaben mit sich bringen wird. Zweifellos droht die Reform mangels Schlagkraft ins Leere zu laufen. Und ähnliches ist nun auch angesichts des Safe-Harbor-Urteils zu erwarten.

VII. Des Kaisers neue Kleider

Die Misere der Datenschutzkontrolle liegt nicht nur darin, dass sie chronisch zu schlecht ausgestattet ist. Sie liegt auch in der mangelnden Kommunikation und Kooperation, mit der diverse Defizite ein wenig abgefedert werden könnten. Die mangelnde Einigkeit führt auch dazu, dass gegenüber der Öffentlichkeit eben nicht formuliert wird, was alles nicht geschieht: Keiner allein will sich die Blöße geben. Dabei weiß inzwischen jedes Kind: Der Kaiser braucht neue Kleider.

Über die Autorin:

Christiane Schulzki-Haddouti, geb. 1967, arbeitet seit 1996 als freie IT- und Medienjournalistin. Seither hat sie in über 50 Tageszeitungen, Online-Medien, Fachzeitungen und -zeitschriften veröffentlicht. Derzeit schreibt sie vornehmlich für c't, heise online, VDI-Nachrichten, die Stuttgarter Zeitung und die Frankfurter Allgemeine Zeitung. Ihre Berichterstattung befasst sich mit dem Leben in der Informationsgesellschaft und seinen Chancen und Schwierigkeiten. Ende der 90er Jahre begleitete

26 Schulzki-Haddouti, Nach Safe Harbor: Die Datenschutz-Aufsicht in der Selbstfindung, heise online, 13.10.2105, http://www.heise.de/newsticker/meldung/Nach-Safe-Harbor-Die-Datenschutz-Aufsicht-in-der-Selbstfindung-2844968.html.

sie intensiv die Kryptodebatte, die Aufklärung des Überwachungsnetzwerks Echelon sowie die ersten Pläne zur Überwachung des Internet.

2001 veröffentlichte Christiane Schulzki-Haddouti mit „Datenjagd im Internet. Eine Anleitung zur Selbstverteidigung" ein erstes Sachbuch über Privacy Tools im Netz. 2003 gab sie mit „Bürgerrechte im Netz" ein erstes Buch über digitale Grundrechte heraus. Später befasste sie sich in mehreren Projekten und Analysen mit dem Thema mediale soziale Innovationen. Von 2000 bis 2015 war sie Jury-Mitglied der Initiative Nachrichtenaufklärung und führte eine Reihe von Recherche-Seminaren an den Universitäten Dortmund und Bonn durch. Sie ist Mitgründerin des Kölner Vereins Whistleblower-Netzwerk.

Von Michael Seemann

Informationelle und andere Selbstbestimmungen – Wie das Internet unsere Freiheiten umsortiert

I. Informationelle Selbstzertrümmerung

Als das EuGH im Oktober 2015 das Safe-Harbor-Abkommen zwischen der EU und den USA kippte, herrschte unter Datenschützer/-innen und Netzaktivist/-innen Feierstimmung.[1] Die verlogene Krücke einer nicht haltbaren Behauptung – nämlich der Äquivalenz von Datenschutzstandards bei US-Firmen mit den EU-Regularien – wurde als solche erkannt und entzaubert. Der Kaiser ist nackt, das konnte zwar jeder immer schon sehen aber nun war es auch amtlich.

Interessant gestaltet sich aber nun die Suche nach Alternativen. Denn einfach keine Daten mehr mit den USA auszutauschen scheint selbst den hartgesottensten Datenschutzverfechtern wenig praktikabel. Aber hier wird es kompliziert, um nicht zu sagen, philosophisch. Es stehen zwar verschiedene Regelungsinstrumente zur Auswahl, die Safe-Harbor ersetzen könnten, jedoch kann derzeit niemand garantieren, dass sie sich bei genauer Prüfung nicht ebenso ungültig erweisen, wie das geschasste Safe-Harbor Abkommen.[2]

Das gilt selbst dann, wenn für den Datentransfer in die USA eine explizite Zustimmung des betreffenden Subjektes eingeholt wird, wie Max Schrems – der erfolgreiche Kläger – ausführt. Ein „Informed Consent“ zur Datenverarbeitung in den USA könne gar nicht gegeben werden, denn von „In-

1 Holland, Datenschutz bei Facebook & Co.: EuGH erklärt Safe-Harbor für ungültig, http://www.heise.de/newsticker/meldung/Datenschutz-bei-Facebook-Co-EuGH-erklaert-Safe-Harbor-fuer-ungueltig-2838025.html (06.10.2015).

2 Schätzle, Nach dem Paukenschlag des Generalanwalts – Suche nach Alternativen, http://www.pingdigital.de/blog/2015/10/01/nach-dem-paukenschlag-des-generalanwalts-suche-nach-alternativen/818 (01.10.2015).

formiertheit“ könne man angesichts der allumfassenden Überwachung und des undurchsichtigen Gebarens von Geheimdiensten wie der NSA nun mal nicht sprechen.[3] Und wenn das Subjekt der Datenverarbeitung keine genaue Erkenntnis erlangen konne, was mit seinen Daten passiert, konne er der Datenverarbeitung eben auch nicht wirksam zustimmen.

Es bleibt derzeit abzuwarten, ob die sonstigen Rechtsinstitutionen dieser Argumentation folgen werden. Nimmt man sie aber ernst – so stehen wir vor einem noch viel größeren Abgrund, als nur einem Datentransferverbot zu den USA. Denn natürlich gilt all das, was Schrems über die NSA sagt, ebenso für den BND und für die europäischen Geheimdienste. Auch ihr Gebaren und ihre Kooperation mit privaten Firmen sind einerseits bewiesen, im Detail aber ebenso undurchsichtig. Es gibt derzeit keinen Hinweis, warum Grundsätzlichkeit der bemängelten Rechtslage in den USA nicht auch auf Europa zutreffen sollte – oder gar weltweit. Kein sicherer Hafen, nirgends. Und auf einmal gäbe es keinen „Informed Consent“ mehr. Informationelle Selbstbestimmung adé?

Mit anderen Worten: Es ist derzeit nicht auszuschließen, dass Schrems mit seiner Klage gegen das Safe-Harbor-Abkommen, die Grundfesten des Datenschutzrechts in Deutschland und in Europa – die informationelle Selbstbestimmung – gleich mit aus dem Bade ausgekippt hat.

Aber vielleicht war ja auch dieser Kaiser schon länger nackt.

Als das Bundesverfassungsgericht 1983 das Recht auf informationelle Selbstbestimmung als Grundrecht feststellte, ging es ihm um eine machtsymmetrische Besserstellung des Individuums gegenüber dem Staat.[4] Es ging um einen Staat, der mittels moderner Datentechnik mehr und mehr im Stande sein würde, die Gesellschaft feingranularer zu durchdringen und so auch zu steuern. Nicht vor sich sahen die Bundesrichter die NSA. Ebenfalls nicht Facebook, Google und Apple. Sie sahen außerdem nicht den zivilen Siegeszug des Internets. Sie sahen keine Smartphones – vermutlich sahen sie noch nicht einmal Heimcomputer und private Datenverarbeitung von zivilen Individuen, die just zu dieser Zeit ihren Anfang nahmen. Es hat sich viel verändert seitdem und es hat die Privatsphäre nicht unangetastet gelassen.

3 Vgl.: Armasu, Max Schrems Provides In-depth Analysis Of Safe Harbor Ruling, http://www.tomshardware.com/news/max-schrems-post-safe-harbor,30343.html (16.102015).

4 Vgl. Recht auf Informationelle Selbstbestimmung: http://www.grundrechteschutz.de/gg/recht-auf-informationelle-selbstbestimmung-272.

II. Der Kontrollverlust

Wir haben die Kontrolle verloren. Im Zeitalter des Internets und der Digitalisierung lassen sich Informationen immer schlechter kontrollieren. Eine Entwicklung die zwangsläufig früher oder später mit dem Konzept der informationellen Selbstbestimmung kollidieren musste. Und zwar nicht erst durch die NSA oder den BND, sondern schon vorher.

Der Kontrollverlust ist bereits in den digitalen Geräten angelegt, mit denen wir uns umgeben haben und er hat sich so mit zunehmender Beschleunigung in unseren Alltag gefräst. Vorangetrieben wird er von drei Faktoren:[5]

1. Mittels Sensoren verknüpfen wir die physische Welt immer enger mit der digitalen. Angefangen bei den CCTV-Kameras im Öffentlichen Raum, über die mit Sensorik vollgestopften Smartphones, die wir mit uns herumtragen, bis hin zu den neusten Erscheinungsformen wie "smarte" Termostate, dem "Internet of Things", den so genannten "Wearables" – Computer zum Tragen als Kleidung – bis hin zu dem, was Stadtentwickler SmartCities nennen, wenn also der Mülleimer weiß, wann er voll ist. Überall werden Datenaufzeichnungsgeräte installiert und es ist zunehmend unmöglich, dem zu entgehen. Es gibt kein analoges Leben im digitalen. Ob unser Lebenswandel nun durch unser Smartphone, durch öffentliche Kameras, durch das Tracking unserer Funksignatur oder über die Kreditkartenabrechnung nachvollzogen wird, ist im Ergebnis egal. Wir müssen schon zählen, wie oft und an wie vielen Stellen unser Leben aufgezeichnet wird.

Der erste Treiber des Kontrollverlusts verhindert eine wirksame informationelle Selbstbestimmung, weil wir in der heutigen Welt nicht mehr wissen können, an welcher Stelle, welche Daten von uns aufgezeichnet werden.

2. Die Kapazitäten sowohl der Datenleitungen, als auch der Datenträger haben sich seit ihrer Messung alle zwei Jahre verdoppelt.[6] Das heißt, dass Daten nicht nur nicht in entsprechender Weise gesammelt werden können, sondern dass diese Daten auch völlig unkompliziert von A nach B zu kopieren sind. Egal, ob der Sony-Hack, der Hack zur Erlangung von Nacktbildern von Hollywood Schauspieler/-innen von letztem Jahr, oder die Mitnahme von

5 Vgl. Seemann, Das Neue Spiel: Strategien für die Welt nach dem digitalen Kontrollverlust, S. 38.

6 Vgl., Kryders Law: https://en.wikipedia.org/wiki/Mark_Kryder#Kryder.27s_law_projection.

Hillary Clintons E-Mailarchiv. All das sind auch Beispiele für die vereinfachte Erlangung und Weiterleitung von Daten durch stetig leistungsfähigere Infrastrukturen. Das 5 Exabyte fassende Datencenter der NSA in Utha ist ein gutes Sinnbild dieser Entwicklung. Wenn auch nicht ihr Endpunkt.

Der zweite Treiber des Kontrollverlusts lässt eine informationelle Selbstbestimmung nicht zu, da wir Informationen nicht mehr an einer Stelle einhegen und uns sicher sein können, dass sie dort auch verbleibt.

3. Der endgültige Schlag gegen die informationelle Selbstbestimmung jedoch geht von dem dritten Treiber des Kontrollverlusts aus. Denn es ist nicht so, dass die vielen gesammelten Daten die Interessierten vor eine unlösbare Aufgabe gestellt hätten, die Nadel im Heuhaufen zu suchen. Vielmehr sind es gerade die Datenauswertungstechniken, die sich von allen am radikalsten entwickelt haben und die gleichzeitig die größten Potentiale des Kontrollverlusts bergen. Angefangen bei den Datenverwaltungs- und -auswertungstechniken, die die relationale Datenbank möglich machte, über die komplexeren Verfahren verteilter Datenauswertung wie MapReduce bis hin zu den neusten Entwicklungen bei maschinellen "deep Learning"-Technologien hat sich eine Kraft entwickelt, die aus immer komplexeren Datenmengen immer unvorhersehbarere Schlüsse zieht. Diese Algorithmen können aus einzelnen Hinweisen durch intelligente Verknüpfung Schlüsse ziehen, die zum Zeitpunkt der Datenerfassung nicht vorhersehbar waren. Auch die NSA steht mit mächtigen Datenwerkzeugen wie XKeyScore mitten in dem Datenstrom und fischen sich ihren. Wenn im NSA-Untersuchungsausschuss des Bundestages von „Selektoren“ die Rede ist, dann ist eine Datentechnologie gemeint, die aus großen Datenmengen gezielt Informationen „selektieren“ kann. In der Datenbanksprache nennt man das „Query“. Die Query ist zum Paradigma der Ordnung des Wissens geworden und zwar nicht nur bei den Geheimdiensten, sondern überall.

Doch wenn die Einschätzung, welche Informationen in einer gegebenen Datenmenge stecken, nur noch hoch entwickelte, komplexe Algorithmen (Querys) ermitteln können, wie soll ich denn je in der Lage sein, eine informierte Entscheidung darüber zu fällen, welche Daten ich jemanden zur Auswertung überlasse. Selbst wenn ich die ersten beiden Treiber des Kontrollverlusts in den Griff bekomme – ich kontrolliere, welche Daten über mich gesammelt werden und ich kontrolliere, wo diese Daten lagern – selbst dann bin ich außer Stande vorherzusehen, welche Informationen ein Dritter über mich haben kann.

Der Kontrollverlust ist also ein dreifacher: Daten, von denen ich nicht wusste, dass es sie gibt, finden Wege, die nicht vorgesehen waren und sagen

Dinge aus, auf die ich nie gekommen wäre. Die digitale Technologie ist uns längst über die Köpfe gewachsen. NSA hin oder her: in dieser Welt kann von sich niemand mehr behaupten, informationell selbstbestimmt zu sein.

III. Die Macht der Query

Die Idee der informationellen Selbstbestimmung ist nicht aufgegangen. Das Ergebnis sieht man im Endeffekt an dem Gridlock, das der Wegfall des Safe-Harbor-Abkommens uns enthüllt. Wenn es grundsätzlich keine informationelle Selbstbestimmung geben kann, ist jede Datenverarbeitung illegal. Aber die Menschen werden natürlich nicht aufhören zu kommunizieren.

Vielleicht hilft es, sich an dieser Stelle zurückzubesinnen, welches größere Ziel die Verfassungsrichter damals im Auge gehabt haben. Sie wollten die Möglichkeiten des Individuums stärken, sich gegen Fremdbestimmung allwissender Instanzen zu wehren. Formuliert man das Problem von seiner Intention nach und fragt nach der allgemeinen Selbstbestimmung, kann zumindest aus der europäischen Perspektive trotz aller Überwachung nur schwerlich ein Rückschritt festgestellt werden.

Im Gegenteil: man kann leicht zu der Auffassung gelangen, dass das Internet trotz seiner fatalen Wirkung auf die informationelle Selbstbestimmung, die allgemeine Selbstbestimmung durchaus befördert hat. Die Menschen haben zu sehr viel mehr Informationsangeboten Zugang, sie kommunizieren mehr und vielfältiger – auch über politische Themen – und sie organisieren sich vielfältig und schlagkräftig zu Kampagnen im Netz oder zur Demonstration auf der Straße. Ein geschwächtes Individuum sieht irgendwie anders aus.

Wenn wir uns die Instrumente genauer anschauen, die diese freiere Organisation von Wissen und Menschen ermöglichen, stoßen wir schnell auf die Services im Netz, die sich in den letzten Jahren unter dem Namen „das Social Web“ entwickelt haben. Twitter, Facebook, Youtube geben Individuen neue Ausdrucksformen und Möglichkeiten der Publikation und Reichweite. Zudem ermöglichen sie so ein ganzes neues Spektrum an alternativen Möglichkeiten sich zu informieren. Mit Blick auf die letzten Jahre lässt sich zudem feststellen, dass es kaum mehr eine politische Bewegungen gegeben hat, deren organisatorische Basis nicht in Social Media Diensten ihren zentralen Ort gefunden hat.

Interessanterweise werden genau dieselben Social Media Services immer wieder auch mit dem Verlust der Privatsphäre in Zusammenhang gebracht. Diese Sicht ist nicht unbegründet, denn bei genauerem Hinsehen zeigt sich, dass die Entwicklungen, die Social Media Dienste groß gemacht haben, exakt dieselben drei Faktoren sind, die den Kontrollverlust antreiben: Auch die Social Media Angebote werden zunehmend gefüttert von den Sensoren in unseren Smartphones. Ohne implizite Location-Weitergabe machen viele der Dienste gar keinen Sinn. Die schnelle Übertragung und immer billiger werdende Speicherbarkeit von Daten erlaubt es überhaupt erst, Services wie Google, Facebook oder Youtube kostenlos anzubieten. Und immer wenn wir Google aufrufen, nutzen wir einen enorm weit fortgeschrittenen Datenauswertungsalogrithmus, eine der mächtigsten Querysysteme, die es überhaupt gibt. Doch nicht nur dort. Wann immer ich Facebook oder meine Twittertimeline aufrufe, werden Datenbanken aktiviert, die im Grunde nichts anderes machen, als in einer für mich individuell durchgeführte Query die Daten meiner Freunde zu sammeln und strukturiert auszugeben. Unsere gesamte, durch soziale Netze erlangte Sicht auf die Welt, wird mittels hochkomplexer Datenauswertungsalgorithmen generiert. In diesem Punkt unterscheiden wir uns nicht grundsätzlich von der NSA.

IV. Filtersouveränität

Wir können heute freier und unmittelbarer mit Wissen umgehen und uns so besser und schneller informieren, organisieren und vernetzen, weil die Query sehr viele Informationen in Echtzeit ordnen kann. "Information on a fingertipp", der Query sei Dank. Basis dieser Veränderung hin zu mehr Selbstbestimmung ist also genau die Kehrseite der Medaille des Verlusts der informationellen Selbstbestimmung: Die schnellere, billigere und mächtigere Sammlung, Übertragung und Auswertung von Daten.

An dieser Stelle lohnt es sich, den Blick auf eine etwas abstraktere Ebene zu heben. Wenn man sich das Wirken der Query-Technologie aus der Vogelperspektive betrachtet, wird erkennbar, dass in der fortschreitenden Entwicklung der Query ein stetiger Trend abzulesen ist, der die Macht des Senders von Informationen sukzessive beschneidet und die Macht des Empfängers in gleichem Maße ausweitet. Wenn der Empfänger mittels der Query die Ordnung seines Wissens eigenständig herzustellen im Stande ist, gerät der Sender in Legitimationsschwierigkeiten den Zugriff auf Wissen zu begrenzen oder auch nur „vorzusortieren“.

Wir sehen vielfältige Auswirkungen dieser „Transition“ in der Welt. Bezogen auf den Journalismus bedeutet das zum Beispiel, dass sich die Nutzer/-innen entschlossen haben, ihre Nachrichten auf anderen Wegen und auf andere Weise zu konsumieren, als es die Verleger vorgesehen haben. Es ist kein

Zufall, dass wir entsprechend von einer Medienkrise sprechen. Bezogen auf die Selbstorganisationsfähigkeiten einer Gruppe, bedeutet es, dass es keine Institution mehr braucht, die zentral die Individuen abstimmt, sondern dass die Menschen das nun mittels der Query dezentral selbst tun können. Die Hashtag-Kampagnen sind das beste Beispiel dafür. Und für die Privatsphäre bedeutet es allerdings ebenfalls, dass der Sender – hier das datenemittierende Subjekt – immer weniger kontrollieren kann, wer wann, was über ihn in Erfahrung bringen kann. Im Zweifel entscheidet das eben eine komplexe Query, die zum Beispiel von einem NSA-Mitarbeiter in XKeyScore eingegeben wird.

Dieser Machtverlust des Senders und die Emanzipation des Empfängers lassen beinahe eine ganz neue Selbstbestimmung am Horizont erscheinen. Genau genommen gibt es diese Form der Selbstbestimmung längst auch als Grundrecht, auch wenn es nicht so prominent in der Debatte steht, wie die informationelle Selbstbestimmung: Die Informationsfreiheit. In Artikel 5 Grundgesetz ist festgelegt, dass jeder das Recht hat, „sich aus allgemein zugänglichen Quellen ungehindert zu unterrichten."[7]

Das geschieht heute nur wesentlich weitreichender und vielfältiger, als es zu den Zeiten, als das Grundgesetz geschrieben wurde, überhaupt denkbar war. Die dramatische Ausweitung der Ausübung dieses Rechts ist technologieinduziert. Einerseits stellt das Internet ein Mehr an allgemein zugänglichen Quellen bereit. Andererseits kann das Individuum mittels hoch komplexer Datentechnologie noch „ungehinderter" auf diese Quellen zugreifen. Die Informationsfreiheit – in seiner Wirkung mittels der Querytechnologien erweitert, nenne ich „Filtersouveränität".

V. Selbstbestimmung vs. Selbstbestimmung

Hier sind wir jetzt. Wir haben einerseits den Verlust der informationellen Selbstbestimmung zu beklagen und andererseits eine neue, mächtige Selbstbestimmung hinzugewonnen. Und beide bedingen sich gegenseitig. Es sollte niemanden verwundern, dass bei diesem Gegensatz beide Formen der Selbstbestimmung auch rechtlich aneinander geraten. Das Paradebeispiel hierfür ist das berühmte Urteil zum Recht auf Vergessenwerden, wie es das

7 Grundgesetz für die Bundesrepublik Deutschland, Artikel 5: http://www.gesetze-im-internet.de/gg/art_5.html.

EuGH 2014 fällte.[8] Dass Menschen nun unter bestimmten Bedingungen die Ergebnisse der Google-Suche zu ihrem Namen anpassen dürfen, mag im Einzelnen die informationelle Selbstbestimmung des Betroffenen steigern, es geht aber direkt zu Lasten der Filtersouveränität aller anderen.

Auch das oben erwähnte Urteil zum Safe-Harbor-Abkommen hat zumindest das Potential, die Filtersouveränität und somit die Informationsfreiheit der Nutzer abzusenken. Dann nämlich, wenn es schwieriger wird oder gar unmöglich, amerikanische Internetdienste zu nutzen. Dabei stehen sowohl die meisten öffentlichen zugänglichen Quellen, wie auch die fortgeschrittensten Query-Technologien in den USA. Ob auf der anderen Seite die informationelle Selbstbestimmung von irgendwem durch dieses Urteil gestärkt wird, ist derzeit noch gar nicht abzusehen.

Es ist natürlich leicht zu erklären, wie solche Urteile zustande kommen. Der Verlust von etwas Bekanntem wird schmerzlicher empfunden, als der Zugewinn von etwas Neuem als positives Erlebnis. Bei der Abwägung fällt schnell unter den Tisch, welche neuen Möglichkeiten diese Technologien den Menschen gebracht haben. Es bleibt einzig der Schmerz von der gebeutelten Privatsphäre, die unter allen Umständen wieder hergestellt werden muss.

Wenn ich also die Zukunft der informationellen Selbstbestimmung betrachte, bleibt wenig Hoffnung für die Zukunft. Wenn ich mir aber die tatsächlichen – auch politischen – Freiheiten, die Menschen heute genießen, betrachte, stimmt mich das durchaus vorsichtig optimistisch. Meine Sorge wäre, dass wir die neue Selbstbestimmung durch das Netz wieder weggeben, im vermeintlichen Tausch der verzweifelt vermissten Privatsphäre. Denn wenn wir das tun – da bin ich mir sicher – werden wir beides nicht mehr haben.

Über den Autor:
Michael Seemann, geb. 1977, studierte Angewandte Kulturwissenschaft in Lüneburg. Seit 2005 ist er mit verschiedenen Projekten im Internet aktiv. Er gründete twitkrit.de und die Twitterlesung, organisierte verschiedene Veranstaltungen und betreibt den populären Podcast wir.muessenreden.de. Anfang 2010 begann er das Blog CTRL-Verlust zuerst bei der FAZ, seit September auf eigene Faust, in dem er über den Verlust der Kontrolle über die Daten im Internet schreibt. Seine Thesen hat er im Oktober 2014 auch als Buch veröffentlicht: Das Neue Spiel, Strategien für die Welt

8 Rechtsprechung EuGH, 13. 5. 2014 – C - 131/12. http://dejure.org/dienste/vernetzung/rechtsprechung?Gericht=EuGH&Datum=2014-05-13&Aktenzeichen=C-131%2F12.

nach dem digitalen Kontrollverlust. Normal bloggt er unter mspr0.de und schreibt unregelmäßig für verschiedene Medien wie RollingStone, ZEIT Online, SPEX, SPIEGEL Online, c't und das DU Magazin. Er hält Lesungen, Seminare und Vorträge an Universitäten und Konferenzen zu den Themen Whistleblowing, Datenschutz, Urheberrecht, Internetkultur und die Krise der Institutionen in Zeiten des digitalen Kontrollverlusts.

Von Indra Spiecker genannt Döhmann

Datenschutzrecht im Internet in der Kollision

I. Informationen als besonderes Gut

Datenschutzrecht ist eines der neuesten Rechtsgebiete überhaupt, sieht man seine Wurzeln in der modernen Gesetzgebung der 1970er Jahre in Deutschland und der 90er Jahre in Europa. Als Teil eines umfassende(re)n Informationsrechts ist das Datenschutzrecht aber nur ein Teil eines Teils der gesamten Rechtsordnung. In dieser lassen sich durchaus auch schon in älterer Zeit Informationsrechte finden, zu denen etwa Rechtsmaterien wie das Urheberrecht, das Patentrecht oder das Markenrecht zählen, nicht zu vernachlässigen die Vielzahl polizeilicher Informationseingriffe.

Gleichwohl fehlt es bis heute an einem übergreifenden Ansatz für ein einheitliches, übergreifendes Informationsrecht. Das hat zum einen mit dem Begriff, der rechtlichen Stellung und den Eigenschaften von Information zu tun. Schon die Frage, was Informationen überhaupt sind und wie sie sich abgrenzen lassen von Wissen und Daten, ist weiterhin nicht nur in den Rechtswissenschaften ungeklärt.[1] Und dass die Verwendung dieser Begrifflichkeiten vom Gesetzgeber und in der Rechtspraxis uneinheitlich erfolgt, ist schon daran ersichtlich, dass das „Datenschutzrecht" und das „Informationszugangsrecht" begrifflich undifferenziert nebeneinanderstehen. Man darf schon bezweifeln, ob das „Datenschutzrecht" nicht eigentlich „Informationsschutzrecht" heißen müsste, weil sein Schutzgegenstand sich auf kontextabhängige Informationen bezieht[2]. Das Recht schützt Informa-

---

1 Siehe dazu etwa Albers, in: Hoffmann-Riem/Schmidt-Aßmann/Voßkuhle (Hrsg.), Grundlagen des Verwaltungsrechts, Band II: Informationsordnung, Verwaltungsverfahren, Handlungsformen, 2. Auflage 2012, §22: Umgang mit personenbezogenen Informationen und Daten, Rn. 8 ff.; Trute, in: Röhl (Hrsg.), Wissen – zur kognitiven Dimension des Rechts, 2010, S. 12 ff.

2 Dies wird bereits beim Begriff des personenbezogenen Datums, §3 Abs. 1 BDSG, deutlich: Es kommt gerade auf die Zwischenschritte der Bestimmbarkeit an.

tionen nicht umfassend: Es gibt einzelne Rechte, etwa das Namensrecht in § 12 BGB; es gibt einzelne Rechtsmaterien, eben das Datenschutz- und Urheberrecht. Aber schon die Zuordnung von Informationen insgesamt, etwa zu den geschützten Rechtspositionen des § 823 Abs. 1 BGB, misslingt regelmäßig. Nicht grundlos ist nach wie vor ungeklärt, ob es eigentlich Eigentum an Informationen geben kann oder wie sich überhaupt Verfügungsrechte konstruieren lassen.[3]

Das hat nicht zuletzt auch mit den besonderen Eigenschaften von Informationen zu tun: Sie lassen sich in der ökonomischen Terminologie als „öffentliche Güter" fassen. Also solche leiden sie daran, dass ihr Konsum nicht rivalisierend ist, d. h., dass ein mehrfacher und paralleler Gebrauch ihren Wert und ihre Nutzbarkeit nicht schmälern (sog. Nicht-Rivalität im Konsum). Eine Zeitung kann eben von verschiedenen Personen hintereinander oder auch gemeinsam gelesen werden, ohne dass für einen der Beteiligten damit zwangsläufig eine Minderung des Informationswerts einherginge. Zum zweiten mangelt es Informationen regelmäßig daran, dass andere überhaupt vom Gebrauch ausgeschlossen werden können (sog. Nicht-Ausschließbarkeit vom Konsum), also auch ohne Berechtigung genutzt werden kann. Schon diese Charakteristika machen deutlich, warum es ein umfassendes Informationsrecht bisher als solches nicht gibt.

Dies allerdings führt dazu, dass es zwischen den vorhandenen Rechtsgebieten zwangsläufig zu Kollisionen kommt, sind doch Interessen, Regelungsinstrumente und Schutzkonzepte nicht zwingend parallelisiert. In der Folge müssen verschiedene Interessenlagen an Information in einen Ausgleich gebracht werden. Auf ein allgemein anerkanntes oder in der Rechtsordnung etabliertes Verhältnis kann regelmäßig nicht zurückgegriffen werden.

Dies betrifft den Datenschutz in besonderer Weise, kollidieren hier die von ihm verfolgten Interessen an einer Beschränkung zwangsläufig mit den vielfältig vertretenen Interessen an Zugriff und Verbreitung. Der folgende Beitrag skizziert in der gebotenen Kürze, welche Interessenkollisionen der Datenschutz abhandelt. Da diese sich in besonderer Weise im Internet manifestieren, wird ein besonderer Fokus auf die hier auftretenden Interessen-

3 Siehe dazu etwa Specht, Konsequenzen der Ökonomisierung informationeller Selbstbestimmung, 2012, S. 17 ff.; Buchner, Informationelle Selbstbestimmung im Privatrecht, 2006, 201 ff.

konflikte gelegt, die gegenüber dem Offline-Gebrauch von Daten durchaus auch qualitativ verschieden sind[4].

II. Betroffene Interessen: Ein Vieleck

Die Interessen, die im Datenschutz kollidieren können, lassen sich in verschiedene Gruppen einteilen, die sich grob an einem Informations- und Wissenszyklus[5] orientieren. Für diesen Beitrag kann diese Einteilung und ihre Begründung naturgemäß nur grob erfolgen; zudem ist die Zuweisung zu den einzelnen Gruppen nicht immer trennscharf möglich. Gleichwohl erlaubt diese Zuordnung eine stärkere Präzisierung der möglicherweise kollidierenden Interessen und damit eine präzisere Bestimmung der Verhältnisse zueinander. Die Begrifflichkeiten wie Verarbeitung, Nutzung, Weitergabe o. ä. orientieren sich dabei nicht streng an den datenschutzrechtlichen Begrifflichkeiten, da das Datenschutzrecht im Wissenszyklus nicht alle Dimensionen abbildet.

Zum ersten finden sich die Interessen derjenigen, die Datenumgang beschränkt sehen wollen. Dies sind – nach den Vorstellungen des Datenschutzrechts – nur Privatpersonen.[6] In der Regel lässt sich ein solches Interesse mit dem Persönlichkeitsrecht oder einem Recht auf Privatheit begründen; ebenso gut greifen aber auch wirtschaftliche Gründe – etwa, wenn ein potentieller Arbeitgeber Informationen aus früheren Arbeitsverhältnissen nicht erfahren soll oder ein möglicher Vertragspartner über bestimmte Eigenschaften in Unkenntnis gelassen werden soll.

Zum zweiten finden sich die Interessen derjenigen, die Zugriff auf Informationen haben wollen. Klugerweise hat das Datenschutzrecht von Anfang an deutlich unterschieden zwischen verschiedenen Formen des Umgangs mit Daten und verlangt für jeden einzelnen Schritt eine eigene Rechtfertigung. Erhebung, Speicherung, Änderung und Weiterverarbeitung sind nur einige

---

4 Zu letzterem Punkt bereits Spiecker gen. Döhmann, in: Bartsch/Briner (Hrsg.), Internet – Überholt die Wirklichkeit das Recht?, DGRI-Jahrbuch, Online- und Offline-Nutzung von Daten: Einige Überlegungen zum Umgang mit Informationen im Internetzeitalter, 2010, S. 39–54.

5 Siehe dazu Spiecker gen. Döhmann, Rechtswissenschaft, 2010, S. 247 ff.

6 Es ist ein weiteres Desiderat, endlich einen umfassenden Schutz von Betriebs- und Geschäftsdaten – nicht nur Betriebs- und Geschäftsgeheimnissen! – anzugehen.

der im Gesetz zum Teil sogar legal-definierten Begrifflichkeiten. Zugriff[7] als untechnischer Begriff meint für die Zwecke dieses Beitrags die erste Stufe der Informationsverwendung, nämlich den Vorgang, bei dem die Information neben ihrem originären Inhaber auch einen anderen erreicht und von diesem potentiell nutzbar ist. Eine aktive Kenntnisnahme ist dazu nicht erforderlich. Dieser Zugriff schafft überhaupt erst Gefahrenpotentiale, ist nun ein weiterer Umgang durch einen anderen als den Betroffenen denkbar. Bezeichnenderweise interessiert sich von den Informationsrechten vor allem das Datenschutz- und das Informationszugangsrecht für diese Zugriffsmöglichkeit als Regulierungsgegenstand; andere Rechte, etwa das Urheberrecht, setzen dagegen erst an der tatsächlichen Verwendung von Informationen an; der reine Wechsel in der Zugriffsmöglichkeit ist in diesen Rechtsgebieten ohne Belang. Zugriffsinteressen sind sehr weit gespannt. Im Kern ist zu unterscheiden – und genau dies tut das Datenschutzrecht – zwischen unbestimmten Zugriffsinteressen („die Information kann irgendwann einmal nützlich sein"), die nicht geschützt werden, und von späteren Verarbeitungsvorstellungen getriebenen Zugriffsinteressen, die durchaus anerkannt werden (Vertragsabwicklung, öffentliche Interessen, eigenes Interesse des Betroffenen, …). Im Zeitalter von Big Data hat das Interesse am reinen Zugriff, aus dem noch kein weiteres konkretes Interesse besteht, erheblich zugenommen.

Die weiteren Gruppen, die zwangsläufig auch am vorgelagerten Zugriff ein Interesse haben, weil nur dieser ihnen den weiteren Umgang nach ihren Vorstellungen ermöglicht, bestimmen sich nach dem jeweiligen Verwertungsinteresse. Sie wollen die Informationen für bestimmte Zwecke nutzen. Schon diese Zwecke unterscheiden sich allerdings erheblich und ermöglichen daher eine Unterscheidung an ihnen entlang.

Zunächst einmal ist als Gruppe diejenige der eigentlichen Informationsnutzer zu nennen. Sie wollen für einen eigenen Zweck die Daten verwenden, etwa um einen Vertrag zu schließen, um einen anderen besser einschätzen zu können, um eine eigene Entscheidung vorzubereiten oder um ein sonstiges eigenes Interesse am Inhalt der Information selbst zu befriedigen. Häufig sind Datennutzungen in diesem Bereich auf einmalige, eng(er) begrenzte Zusammenhänge beschränkt. Die Motivation für den Datenverwendungszweck mag dabei durchaus kritisch zu betrachten sein, wenn man einbezieht, dass auch Neugier oder sogar ein handfestes Stalking darunter fallen können.

7 Der Begriff ist deutlich weiter als der vom Gesetzgeber verwendete Begriff des „Erhebens" und schließt beispielsweise die „aufgedrängte Information" ein.

Eng mit dieser Gruppe verwandt sind diejenigen, die unter dem Begriff der „Öffentlichkeit" oftmals eigene rechtliche Interessen zugewiesen erhalten;[8] ihr persönliches Interesse wird dann noch einmal zusätzlich normativ aufgewertet durch Nebeninteressen wie Transparenz, Kontrolle des Staates, Verbesserung der (staatlichen) Entscheidungen, größere Legitimation etc. Diese Interessen sind nicht genuin eigene Interessen des Individuums, werden aber vom Recht aber dem Individuum fiktiv zugewiesen. Dies macht bereits sichtbar, dass die Gleichlagerung von Öffentlichkeit und Individualinteressen nicht ohne weiteres zwangsläufig gegeben sein muss und dass dies nicht stets vom Individuum selbst mitgedacht oder sogar bezweckt wird: Wer aus Neugierde Informationen des Staates durch Informationszugangsrechte erhält, sorgt damit gleichzeitig für dessen Kontrolle – ohne dies aber selbst möglicherweise zu wollen oder gar gutzuheißen.

Eine weitere Interessengruppe sind die Informationsdienstleister. Sie bereiten ihnen zugängliche Daten so auf, dass damit neue Informationen entstehen; sie liefern den Inhalt. Rekombination von Informationen ist nicht nur punktuell, sondern strukturell bezeichnend. Die einzelne Information ist für die Informationsdienstleister nicht aus persönlichen Gründen interessant, sondern in aller Regel als Geschäftsmodell im weiteren Sinne.[9] Hierzu gehören etwa Scoring- und Auskunftsdateibetreiber. Diese Gruppe hat typischerweise ein besonders hohes Weiterverwendungsinteresse, das sich in der einmaligen Verwertung nicht erschöpft. Häufig[10] sind zudem einzelne Daten wenig bedeutsam; Informationsdienstleister sind oftmals an einer Vielzahl von Datensätzen interessiert.

Als weitere Gruppe lässt sich die Gruppe der Informationsintermediäre fassen. Sie verbreiten und verteilen vorhandene Information und machen sie Dritten überhaupt erst zugänglich. Die weitere Verarbeitung der Information, etwa durch Rekombination, Ergänzung, Bewertung o. ä., tritt hinter der Verbreitungsfunktion zurück.[11] Dies geschieht häufig über eine Pull-Funk-

8 Dies ist insbesondere im Informationszugangsrecht der Fall, tritt aber auch im Datenschutzrecht auf.

9 Auch ein nicht-kommerzieller Informationsdienstleister hat kein Eigeninteresse an der einzelnen Information, sondern ein Weiterleistungsinteresse an einen Nachfrager.

10 Dies gilt selbstverständlich nicht immer: Ein Detektiv soll gerade den Beweis für den Seitensprung einer einzelnen Person liefern.

11 Gleichwohl kann die Verbreitung ihrerseits nach bestimmten Kriterien erfolgen, wie etwa die Anordnung von Suchergebnissen nach bestimmten Kriterien des Suchmaschinenbetreibers, ohne dass damit die Hauptverwendung der Informationen in der Weitergabe geschmälert wäre.

tion, d. h. der Nachfrager bestimmt, welche Information, die beim Informationsintermediär vorliegt, er abruft. Daher ist deren Interesse zunächst einmal vor allem auf Zugriff und (unveränderte) Weitergabemöglichkeit gerichtet. Typische Beispiele hierfür sind Suchmaschinenbetreiber oder Online-Lexika wie Wikipedia und Preissuchmaschinen. Auch Soziale Netzwerke aller Art in ihrer nach außen gerichteten Funktion lassen sich hierunter fassen. Dass gleichzeitig auch andere Interessen am Umgang mit Informationen bestehen, hindert ihre Einordnung als Informationsintermediär für diesbezügliche Funktionen indes nicht.

Nahe an den Interessen der Informationsintermediäre liegen die Interessen der Informationsverbreiter. Diesen ist zu Eigen, dass sie nicht nur vorhandene Information aufbereiten, sortieren und weitergeben, sondern dass sie eine eigenständige inhaltliche Gestaltung und Beurteilung der Information vornehmen und diese dann verbreiten. Sie beschränken sich also gerade nicht auf die Weitergabe, sondern bereiten die Information auf. Typisch für diese Gruppe sind die klassischen journalistischen einschließlich der verlegerischen Tätigkeiten.

Schließlich sind – gerade für das Internet – noch die Interessen derjenigen zu berücksichtigen, die gar nicht an der Information selbst unmittelbar mitwirken, sondern eine Infrastruktur für die Gewinnung und Verwertung von Informationen vorhalten. Gemeint sind damit vor allem die inhaltsorientierten Plattformen im Internet, die Dritten die Möglichkeit zur Generierung und Verbreitung eigener Inhalte bieten. Sie lassen sich hier ebenso wie sonstige Vertriebsstrukturen eingruppieren, um die eigentlichen Informationsinhalte zu verbreiten, je stärker sie die Inhalte, die eingestellt werden, strukturieren, können sie auch Informationsintermediäre sein.

Nicht nur diese letzte Gruppe macht einmal mehr deutlich, dass trennscharfe Interessengruppierungen angesichts der Strukturen der Informationsverwendung im Internet nicht möglich sind.[12] Gerade an den Rändern ist eine Zuordnung oftmals nicht einfach. Zudem nehmen viele Informationsverarbeiter je nach Ausrichtung ihrer Aktivitäten mehrere dieser Interessen wahr: So ist ein Suchmaschinenbetreiber, der gleichzeitig die Suchanfragen auswertet, um die Ergebnisse dieser Auswertung an Dritte zu veräußern, damit diese ihre Angebote entsprechend ausrichten können, gleich in mehreren Gruppen zu verorten. In der Regel aber lassen sich jedenfalls die einzelnen

12 Insofern setzen sich die Schwierigkeiten aus dem klassischen Medienrecht auch im Internet potenziert fort.

Informationsschritte bezeichnen und die Interessen daran trennen, und dann ist jedenfalls für diesen Informationsvorgang eine Zuordnung möglich.

III. Ausgleich von Interessenkollisionen

Diese verschiedenen Interessengruppen sind rechtlich unterschiedlich aufgestellt. In der Regel hat das Recht ihnen jeweils eigene Rechtspositionen zugewiesen, teilweise sogar eine verfassungsrechtliche Aufwertung vorgenommen. Der Ausgleich zwischen diesen Rechtspositionen ist von erheblicher Bedeutung, gleichzeitig aber stellt er das Recht vor zentrale Probleme. Dies ist kein neues Problem des Datenschutzrechts, sondern trifft auf ganz grundlegende Schwierigkeiten im Umgang mit mehrpoligen Interessenkonflikten.

1. Analytische Grenzen

Über die Abwägung verschiedener Rechtspositionen sind Bücher geschrieben worden,[13] und von einem gesicherten Stand der Rechtswissenschaft kann nicht gesprochen werden. Die folgenden Ausführungen müssen sich zwangsläufig beschränken und können eine Reihe von Problemen nicht ansprechen. Gleichwohl erfolgen sie auf der Basis dieser Problemlagen.

Eines dieser zentralen grundrechtsdogmatischen Probleme liegt im nach wie vor ungeklärten Umgang mit der Kumulation von Grundrechtseingriffen und der Mehrzahl von betroffenen Grundrechtspositionen.[14] Dies gilt in gleicher Weise für die generelle Schwierigkeit, die Eingriffsintensität von Eingriffen präzise zu bestimmen und erst recht für die Intensität der Informationseingriffe.[15] Das Argument, Informationseingriffe seien per se weniger eingreifend als etwa andere ordnungsrechtliche Maßnahmen,[16] lässt sich

13 Siehe nur statt vieler Hofmann, Abwägung im Recht: Chancen und Grenzen numerischer Verfahren im öffentlichen Recht, 2007.

14 Siehe dazu etwa Schaks, DÖV 2015, S. 817 ff. m. w. N. und Übersicht zum Meinungsstand.

15 Gleichwohl verfügt das Recht auf informationelle Selbstbestimmung immerhin über vergleichsweise präzise Kriterien durch die Rechtsprechung des Bundesverfassungsgerichts.

16 So etwa insbesondere das Polizeirecht in der Dogmatik zum Gefahrenverdacht, vgl. Kingreen/Poscher, in: Pieroth/Schlink/Kniesel, Polizei- und Ordnungsrecht, 8. Auflage 2014, § 4 Rn. 50ff; Darnstädt, DVBl, 2011, S. 263 ff.

jedenfalls nicht ohne weiteres aufrechterhalten, ohne dass zwingend die Gegenthese korrekt wäre.

Damit eng verwandt ist die Problematik, dass Informationen und Informationseingriffe möglicherweise über die bereits geschilderte Problemlage als öffentliches Gut hinaus besondere Eigenschaften und Charakteristika aufweisen, denen die herkömmliche Diskussion, die von allgemeinen Erwägungen angeleitet wird, nicht immer gerecht zu werden vermag. Dazu gehören beispielsweise besondere Aspekte der Wertschöpfungskette bei Informationen und Informationsdienstleistungen im Internet ebenso wie die weiterhin ungeklärte Frage, wie mit Informationen umgegangen werden soll, die mehrere Personen betreffen. Daher kann hier ein besonderer Anpassungsbedarf in der Abwägung vorliegen.

Ein weiteres großes Problem entsteht zudem dadurch, dass viele rechtliche Vorfragen den Besonderheiten von Vernetzung, Internet und Digitalisierung nicht Rechnung tragen (können). Zwischen Datenumgang in der Offline- und der Online-Welt bestehen grundlegende quantitative und qualitative Unterschiede, so dass Argumentationen nicht ohne weiteres übertragbar sind. Kommunikation hat sich unter diesen Bedingungen fundamental verändert, und die kognitiven Veränderungen, die damit einhergehen, sind noch weitgehend unerforscht und im Recht noch nicht angekommen. Auch darauf kann im Rahmen dieses Beitrags nur beschränkt eingegangen werden, obwohl sie durchaus für die Bestimmung eines Ausgleichs erhebliches Gewicht haben.

Die folgenden Überlegungen beschränken sich daher – auch Format und Rahmen dieses Beitrags geschuldet – auf Vorarbeiten; sie benennen einige zentrale Elemente, warum es überhaupt zu bestimmten Kollisionen kommt und dass nicht einmal die einzelnen Interessen gleichgelagert sein müssen (2.) und welche potentiellen Mechanismen ein Ausgleich berücksichtigen sollte (3.). Eine Anleitung zum umfassenden Ausgleich wird hier also gezielt nicht vorgelegt; ebenso wenig wird eine Rechtsprechungsanalyse vorgenommen oder werden bestehende Ansätze diskutiert.

2. Kollision

Informationsbezogene Aktivitäten, gerade solche im Internet, führen häufig in die Kollision von verschiedenen Interessen. Wer die Bilder von der Klassenfahrt online stellt, ermöglicht einer Vielzahl an Personen und Maschinen, diese Bilder persönlich oder technisch anzuschauen und auszuwerten. Wer Bewertungen über einen Arzt in ein Bewertungsportal einstellt, lässt Rückschlüsse auf die eigene Person, Erkrankung und Beurteilungsmaßstäbe zu.

Über Suchanfragen in Suchmaschinen oder Online-Lexika lassen sich der Wissensbedarf und damit die Entscheidungssituation des Nachfragers ermitteln. Sämtliche dieser Vorgänge können Freiheitsgewinne enthalten; ebenso gut aber können sie auch in Freiheitsverluste münden. Da die freiheitlichen Konsequenzen nicht in einer Person zusammenfallen, sondern ganz verschiedene Personen betreffen, ist ein Konflikt der betroffenen Interessen vorprogrammiert. Wer Verbreitung von Daten bezweckt, fühlt sich vom Datenschutz oftmals beengt; wer seine Persönlichkeitsrechte aktiv wahrnimmt, sieht sich von Informationsverbreitung darin eingeschränkt.

Diese verschiedenen Interessen werden häufig als in sich einheitlich dargestellt. Die Öffentlichkeit hat demnach ein bestimmtes Interesse an Informationsverbreitung; der Informationsintermediär möchte generell Zugriff auf Informationen; der Informationsdienstleister ist grundsätzlich ausgerichtet auf möglichst viele Informationen. Und umgekehrt ist der Betroffene prinzipiell auf Datenvermeidung und -sparsamkeit ausgerichtet. Dass letzteres schon nicht per se richtig ist, lässt sich ablesen am tatsächlichen Verhalten vieler Privater, die ihre personenbezogenen Daten gezielt verbreiten. Dies ist auch rechtlich anerkannt – nicht umsonst ist das deutsche Datenschutzgrundrecht ein Grundrecht auf informationelle *Selbstbestimmung*. Darüber hinaus aber sind noch weitere Uneinheitlichkeiten in den Interessen zu beachten. So sind kommerzielle und privat-persönliche Interessen voneinander zu trennen. Wer aus privaten Gründen eine Informationsverbreitung betreibt, mag dennoch der kommerziellen Verwertung kritisch gegenüberstehen. Ohnehin stehen ökonomische und nicht-materielle Interessen oftmals nebeneinander und können sich, obwohl beide Interessenträger in eine Gruppe fallen, durchaus widersprechen. Und selbst kommerzielle Interessen können sehr verschiedenartig ausgestaltet sein in Bezug auf das Verhältnis zum Umgang mit Informationen: Wer eine Plattform für andere zur Verfügung stellt oder einen Blog betreibt, steht Beschränkungen anders gegenüber als ein Informationsdienstleister, der besonders viele Informationen anstrebt und auch anders als ein Informationsdienstleister, der besonders hochwertige Informationen sucht und verarbeitet. Wer eigene Sortierungsleistungen anbietet, will andere Informationen nutzen als jemand, der Informationen lediglich weiterreicht.

Besonders deutlich werden die inhärenten Interessenkonflikte übrigens beim Staat: Eine genuine Aufgabe – Sicherheitsgewährleistung – steht im Dauerkonflikt mit einer anderen genuinen Aufgabe – Freiheitssicherung. Er verfügt über Eigeninteressen an der Nutzung von Daten, während er gleichzeitig die Beschränkung von Daten verfolgen soll. Im Staat und seinen verschiedenen Aufgaben und Befugnissen finden sich bei genauer Betrachtung alle oben genannten Interessengruppierungen wider: Er ist Nutzer, Betroffener, Informationsintermediär, Verbreiter, Dienstleister und sogar Produzent von Informationen.

3. Ansatzpunkte für einen Interessenausgleich

Was können nun potentielle Ansatzpunkte für einen Ausgleich der verschiedenen, in sich noch nicht einmal einheitlichen Interessen sein?

3.1 Vorfeldschutz versus Beeinträchtigung

Als ein Ansatzpunkt bietet sich die Einschätzung des jeweiligen Zugriffszeitpunkts und dessen Bedeutung für die Verwirklichung der beteiligten Rechte an. Datenschutz ist ein Schutzrecht, das im Vorsorgebereich ansetzt; es bezweckt einen Vorfeldschutz. Nicht nur und erst die eigentliche Nutzung wird als problematisch angesehen, sondern bereits die Zugriffsmöglichkeit.

Dies ist systematisch auch folgerichtig, wenn man Datenschutzrecht als Technikregulierungsrecht ansieht: Als solches fügt es sich in seiner Ausrichtung ein in die Vielzahl von Technikgesetzen, die zunächst einmal ein Risiko aus einer neuen innovativen Technik identifizieren und dann deren Weiterentwicklung anhand eines Vorsorgegrundsatzes weiter begleiten.[17] Vergleichbare Ansätze finden sich etwa, aber nicht nur, im Arzneimittel-, Stoff- oder Gentechnikrecht. Schon die Ausführungen des BVerfGs im Volkszählungsurteil[18] machen deutlich, dass es darum ging, die weitreichenden Folgen einer neuartigen Technologie – nämlich der automatisierten Datenverarbeitung – vorsorgend rechtlich zu begleiten. Die meisten der entgegenstehenden Rechtspositionen dagegen folgen nicht einem solchen Vorfeldgedanken: Meinungsfreiheit oder Berufsfreiheit etwa, um nur diese zu nennen, verlangen eine tatsächlich vorliegende Beeinträchtigung.

Manche konfliktträchtige Position zwischen Datenschutzrecht und anderen Rechten wird somit erklärlich: Wer Vorfeldschutz betreibt, kann nicht zuwarten, bis eine Beeinträchtigung (etwa durch tatsächliche Kenntnisnahme, Nutzung oder Entscheidungsbasierung) vorliegt. Vielmehr verlangt Datenschutz ein frühes Einschreiten. Das wiederum kollidiert mit der Vorstellung anderer Rechtspositionen, erst bei einer spürbaren Einschränkung beeinträchtigt zu sein. Datenschutz wird hier grundsätzlich eine Vorrangstellung eingeräumt, weil die verfassungsrechtliche Position auf dem Vor-

17 Vgl. in diese Richtung auch Ladeur, DÖV 2009, S. 45, 54.
18 BVerfGE 65, 1.

feldschutz basiert und damit vor der tatsächlichen Einschränkung bereits greift.

3.2 Kollektivitätswirkungen und Unabänderbarkeit

Ein zweiter Ansatzpunkt kann darin gesehen werden, ob mit einer Rechtsposition des Einzelnen gleichzeitig auch dieselben Rechtspositionen anderer geschützt werden, ob also die Verwirklichung der Rechtsposition des Einzelnen auch davon abhängt, dass die Rechtspositionen anderer geschützt werden. Dogmatisch wird ein solcher Ansatzpunkt über die mittels der Grundrechte vermittelte objektive Werteordnung verankert. Die Auswirkungen sind jedoch für die verschiedenen Grundrechte unterschiedlich stark. Jedenfalls klassische Eigentumsrechte wie Sacheigentum beispielsweise leiden vergleichsweise wenig darunter, ob anderen weniger weitreichende Rechte zugestanden werden.[19] Dagegen können Datenschutz und Meinungsfreiheit nur in einem Umfeld wirken, das gleichermaßen von Datenschutz und Meinungsfreiheit bestimmt ist.

Dies führt weiter zu der Beobachtung, dass bestimmte Eingriffe unwiderruflich und ihre Wirkungen nicht restituierbar sind: Information kann nicht mehr zurückgeholt, sie kann nicht zwangsweise vergessen werden; sie fließt in Entscheidungen ein. Dagegen sind etwa wirtschaftliche Einbußen ausgleichbar; sie können abgefedert und rückgängig gemacht werden, und auch andere Aktivitäten können nachgeholt werden.

3.3 Grundlagen für die Ausübung anderer Grundrechte

Als weiterer Ansatzpunkt lässt sich die Fernwirkung der Einschränkung eines Grundrechts auf die Ausübung anderer Grundrechte heranziehen. Grundsätzlich wiegen Einschränkungen von Rechten stärker, die ihrerseits die Grundlage für die Ausübung für die Freiheitsausübung sind, die durch andere Rechte gewährleistet ist. Wenn Meinungsfreiheit oder Datenschutz erheblich eingeschränkt werden, können andere Grundrechte wie Versammlungsfreiheit, Wahlfreiheit oder überhaupt ein demokratisches Gemeinwesen nicht aufrechterhalten werden.

3.4 Informationsrechtliche Dichte

Es wird deutlich, dass die Rechtspositionen eine verschiedene informationsrechtliche Dichte aufweisen. Die Zuweisung von Gewinnen und Verlusten im Informationsgeschäft, die Ermittlung ihrer Risiken und Chancen, die

19 Anders im Nachbarschutzrecht oder im Immissionsschutzrecht.

Beurteilung der Wertschöpfungskette und der Auswirkungen darauf ist oftmals weniger ein informations- als ein wirtschaftsrechtliches Problem. Telekommunikationsrechtliches Marktversagen beruht auf den Besonderheiten des Netzwerks, nicht der transportierten Information. Daher vermag auch dieser Aspekt die Abwägung anzuleiten: Welche Besonderheiten stellen sich gerade durch die besondere Architektur des Internets und der Information jenseits solcher allgemeiner Problembereiche? Welche Herausforderungen an das Recht stammen gerade aus der Sphäre der Information und ihrer Besonderheiten; welche dagegen sind allgemeiner Natur? Was ist erforderlich, um einen funktionierenden Markt für Informationen in Reaktion auf deren Qualität als öffentliches Gut sicherzustellen? Die Trennung allgemeiner von speziell informationsrechtlichen Schwierigkeiten und Interessen kann die Differenziertheit des Abwägungsprozesses weiter anleiten.

IV. Fazit

Bis zur Schaffung eines vereinheitlichten Informationsrechts, das die vielfältigen Interessen in einen angemessenen Ausgleich bringt, Informationsmärkte funktionsfähig macht und private wie öffentliche Entscheidungen verbessert, dabei die Freiheitsrechte aller Beteiligten wahrt, Innovation, Demokratie und Privatheit gleichermaßen schützt und zudem noch europäische und globale Belange, Entwicklungen und Wirkmächtigkeiten integriert, ist es noch lange hin.

Bis dahin wird das Datenschutzrecht immer wieder in Kollision mit anderen Rechten geraten – jüngere Entscheidungen des EuGH wie diejenigen zur Vorratsdatenspeicherung[20] (Freiheit v. Sicherheit; Staat v. Bürger), Google Spain[21] (Privatheit, Datenschutz, Familie v. Unternehmerfreiheit, Meinungsfreiheit, Informationsfreiheit; Bürger v. Unternehmen) oder Safe Harbor[22] (Privatheit, Organisationskontrolle v. Informationsmärkte; Staat v. Staat) illustrieren dies eindrücklich. In den verschiedenen Kollisionen wechseln die beteiligten rechtlich abgesicherten Interessen, und je nach Sachverhalt wechseln auch die Allianzen der beteiligten Rechtspositionen miteinander. Meinungsfreiheit und Datenschutz können unauflösbar miteinander verbunden sein; sie können aber auch einander diametral gegenüberstehen.

---

20 EuGH, Urteil v. 8.4.2014 – C-293/12 und C-594/12.

21 EuGH, Urteil v. 13.5.2014 – C-131/12.

22 EuGH, Urteil v. 6.10.2015 – C-362/14.

Ein vorsichtiger Umgang mit diesen vielschichtigen Kollisionen, eine Präzisierung der beteiligten Interessen und ihrer normativen Grundlagen, ein Bewusstsein für die Varianz selbst innerhalb der Interessengruppierungen und eine Berücksichtigung der verschiedenen Schutzansätze und -ziele kann zumindest dazu beitragen, diese Kollisionen strukturiert und mit Fingerspitzengefühl für die Wirkungen zu bearbeiten. Dies wird dem Datenschutz mittel- und langfristig nutzen und dazu beitragen, dass sich Gesellschaft, Politik und Wirtschaft auch in Zeiten von Digitalisierung und Internet so entwickeln, dass nicht allein das Machbare, sondern auch das normativ wünschenswerte gilt.

Über die Autorin:
Frau Prof. Dr. Indra Spiecker genannt Döhmann, LL.M., ist Inhaberin der Professur für Öffentliches Recht, Informationsrecht, Umweltrecht und Verwaltungswissenschaften an der Goethe-Universität Frankfurt a. M. und zudem u. a. Direktorin der Forschungsstelle Datenschutz ebenda. Herzlicher Dank für hilfreiche Recherche geht an Stud. iur. Victor Limberger.

Von Julia Stinner

Informationelle Selbstbestimmung und Grenzen rechtlicher Regulierung

I. Von der Volkszählung zur Digitalgesellschaft

Als das Bundesverfassungsgericht am 15.12.1983 über das von Bundestag und Bundesrat einstimmig beschlossene Volkszählungsgesetz urteilte[1] und zugleich zwei Wochen vor dem bedeutungsvollen orwell'schen Jahreswechsel das Grundrecht auf informationelle Selbstbestimmung erfand, wirkte dies wie ein Paukenschlag voller Innovationskraft in Zeiten großen gesellschaftlichen Aufruhrs und großer Besorgnis. Bereits der Tatbestand des Urteils nimmt sich der Sorgen und Ängste der Bevölkerung vor staatlicher Datenbeschaffung und -verarbeitung an: „Die Möglichkeiten der modernen Datenverarbeitung sind weithin nur noch für Fachleute durchschaubar und können beim Staatsbürger die Furcht vor einer unkontrollierbaren Persönlichkeitserfassung [...] auslösen."[2] Das Recht auf informationelle Selbstbestimmung räumt dem Einzelnen daher die Befugnis ein, grundsätzlich selbst über die Preisgabe und Verwendung seiner persönlichen Daten zu bestimmen. Der Schutz von Privatheit und Verhaltensfreiheit wird durch die informationelle Selbstbestimmung gleichermaßen begrenzt und ausgedehnt, indem bereits die Stufe der Persönlichkeitsgefährdung vom grundrechtlichen Schutz umfasst ist.[3]

Vergleicht man die beunruhigte Bevölkerung aus den achtziger Jahren, die bereit war auf die Barrikaden zu gehen, mit der heutigen schulterzuckenden Gelassenheit angesichts öffentlich bekannt gewordener Überwachungs- und Enthüllungsskandale, Datenmissbrauchs und Verselbständigungstendenzen

---

1 BVerfGE 65, 1.

2 BVerfGE 65, 1 (4).

3 Vgl. BVerfGE 65, 1 (44); 120, 274 (312), ähnlich bereits BVerfGE 53, 30 (65); 63, 131 (143).

der Datengewinnung, entbehrt dies nicht einer gewissen Ironie. Denn die mit Bleistift bewaffneten Volkszähler, die größtenteils anonymisierte Daten erheben wollten, stehen in keinem Verhältnis zu den heutigen Datensammlungen von Google oder Facebook, um nur die zwei prominentesten und omnipräsenten nicht-staatlichen Akteure der digitalen Entwicklung zu nennen. Gleichwohl war die Bedrohung eines „datenhungrigen Leviathans"[4] damals Anlass für eine der bisher zwei grundrechtlichen Neuschöpfungen – als tatbestandliche Präzisierungen des allgemeinen Persönlichkeitsrechts – in der Geschichte des Bundesverfassungsgerichts. Dem Recht auf informationelle Selbstbestimmung zu Beginn der elektronischen Datenverarbeitung folgte im Jahr 2008 nur noch das Recht auf Gewährleistung der Vertraulichkeit und Integrität informationstechnischer Systeme[5] im Kontext staatlicher Online-Durchsuchungen, ein Grundrecht, das in der aktuellen Diskussion bisher weitestgehend ein Schattendasein geführt hat.[6] Weitere Entscheidungen befassten sich mit dem Schutz persönlicher Daten vor staatlichem Zugriff: Zu nennen sind exemplarisch die Entscheidungen zur Rasterfahndung, zur Vorratsdatenspeicherung oder etwa zur Antiterrordatei.[7]

Das Recht auf informationelle Selbstbestimmung folgt aus dem allgemeinen Persönlichkeitsrecht aus Art. 2 Absatz 1 in Verbindung mit Art. 1 Absatz 1 des Grundgesetzes. Die Frage nach der Verfügungsbefugnis über personenbezogene Daten wird unmittelbar aus dem Recht auf freie Entfaltung der Persönlichkeit und der Unantastbarkeit der Menschenwürde hergeleitet. Diese Grundlage ist gewissermaßen die Antwort auf die Frage nach der verfassungsrechtlichen Verankerung des Datenschutzes.[8] Das für die Urteilsfindung maßgebliche Leitbild des Einzelnen, des neuzeitlichen Individuums, ist jenes des Humanismus und der Aufklärung. Dem Grundgesetz liegt „die Vorstellung zugrunde, daß der Mensch in der Schöpfungsordnung einen eigenen selbständigen Wert besitzt"[9], der einzelne Mensch und seine Würde stehen im Mittelpunkt einer wertegebundenen Ordnung. Der Mensch ist zu-

4 Vgl. Hufen, Das Volkszählungsurteil des Bundesverfassungsgerichts und das Grundrecht auf informationelle Selbstbestimmung – eine juristische Antwort auf „1984"?, JZ 1984, S. 1072 ff.

5 BVerfGE 120, 274.

6 Siehe dazu die jüngsten Neuerscheinungen etwa von: Heinemann, Grundrechtlicher Schutz informationstechnischer Systeme, 2015 oder Hauser, Das IT-Grundrecht, 2015.

7 BVerfGE 115, 320; BVerfGE 125, 260; BVerfGE 133, 277.

8 Vgl. Simitis, Die informationelle Selbstbestimmung – Grundbedingung einer verfassungskonformen Informationsordnung, NJW 1984, 398 ff.

9 BVerfGE 2, 1 (12).

gleich aber auch eine mit der Fähigkeit zu eigenverantwortlicher Lebensgestaltung begabte Persönlichkeit.[10] Im Kontext informationeller Selbstbestimmung bedeutet das, dass für jeden Menschen die aus den Daten gewinnbaren Informationen kontrollierbar und beherrschbar sein müssen. Wer nicht mit hinreichender Sicherheit überschauen kann, welche Informationen über ihn in der sozialen Umwelt bekannt sind, kann in seiner persönlichen Freiheitsausübung wesentlich gehemmt sein. Darüber hinaus würde auch die hinter dem Individuum stehende Gesellschafts- und Rechtsordnung – das Gemeinwohl – beeinträchtigt, weil Eigenverantwortlichkeit und Freiheit elementare Funktionsbedingungen eines demokratischen Gemeinwesens sind, das auf die Mitwirkung und Handlungen seiner Bürger angewiesen ist – so die Verfassungsrichter im Volkszählungsurteil.[11] Das Recht auf informationelle Selbstbestimmung wird demnach zweigliedrig begründet, mit einer Gefährdung für den Einzelnen, aber auch mit einer Gefährdung für die Allgemeinheit.

II. Gesellschaftspolitische Emergenz des Digitalisierungsprozesses

In gewisser Weise war das Bundesverfassungsgericht seiner Zeit voraus, denn die Frage der externen Gesellschafts- und Sozialwirkung war viel weniger Gegenstand der damaligen Situation der Volkszählung, als es heute in Zeiten sozialer Netzwerke, Autocomplete-Funktionen oder vernetzter Kommunikationsmöglichkeiten in Fahrzeug, Straßenverkehr, Büro und Wohnhaus der Fall ist. Der Digitalisierungsprozess, das Netz und die fortschreitende Technisierung haben eine eigene gesellschaftspolitische Emergenz entwickelt, die rechtlich schwer zu fassen und zu regulieren ist. Fortschritt eröffnet immer neue Freiheitsräume. Doch auch die Kehrseite dessen muss mitgedacht werden: Neue Möglichkeiten der Persönlichkeitsentfaltung sind zugleich auch immer neue Möglichkeiten der Persönlichkeitsgefährdung.[12] Die Unterscheidung zwischen öffentlich und privat ist vor diesem Hintergrund fließend, geradezu nivellierend. Es sind primär private Unternehmen wie jene aus dem Silicon Valley, die den Markt beherrschen und mit eigenem Regel-

10 BVerfGE 5, 85 (204).

11 BVerfGE 65, 1 (43); siehe auch BVerfGE 113, 29 (46).

12 Zur zunehmenden Verbreitung vernetzter informationstechnischer Systeme bereits BVerfGE 120, 274 (305).

werk eine quasi-monopolistische Marktstellung einnehmen und dadurch die Netzstruktur und deren Interessenräume beherrschen. Doch auch der Staat ist, das hat die NSA-Affäre gezeigt, an den Daten seiner Bürger (immer noch) interessiert. Je größer der Einfluss des Digitalisierungsprozesses und des Netzes wird, desto genauer sollte auf diese zwei Fronten geschaut werden: Die eine Herausforderung besteht darin, das Netz und dessen technische Entwicklungen als Zugewinn an Freiheit und Entfaltungsmöglichkeiten zu begreifen und diese vor staatlichen Autokratien zu verteidigen, die kontrollieren, manipulieren oder zensieren wollen. Die Verformung und sanfte Durchbrechung der bisherigen Ordnung im Netz durch private Wirtschaftsgiganten unter Durchsetzung geschlossener Interaktionssysteme und der daraus resultierende staatliche Schutzauftrag sind die anderen – mitunter schwierigeren – Herausforderungen.

Bei allem Verlangen nach dem Staat muss jedoch klar sein, und das führte das Bundesverfassungsgericht schon 1983 aus, dass der Einzelne kein Recht im Sinne einer absoluten, uneinschränkbaren Herrschaft über seine Daten hat, sondern, dass er innerhalb einer sozialen Gemeinschaft eine auf Kommunikation angewiesene Persönlichkeit ist.[13] Daraus folgt: Es kann keine absolute Anonymität und keinen absoluten Schutz geben; eine Folgerung, die nicht immer ausreichend Würdigung findet. Personenbezogene Daten stellen einerseits Informationen über die betroffene Person dar, sind aber andererseits auch immer Abbild sozialer Realität.[14] Das Recht auf informationelle Selbstbestimmung kann deswegen aus Gründen des überwiegenden Allgemeininteresses eingeschränkt werden.[15]

Das Menschenbild des Grundgesetzes gewährt dem einzelnen Bürger „einen unantastbaren Bereich privater Lebensgestaltung“[16], der der Einwirkung der öffentlichen Gewalt entzogen ist. Diese Gewährleistung muss auch im Rahmen des Digitalisierungsprozesses für Einwirkungen privater Quasi-Monopolisten durch asymmetrische Vertragsgestaltungen gelten. Entscheidend ist, dass der einzelne Nutzer moderner Kommunikationsstrukturen als Subjekt behandelt und nicht über ihn als Objekt verfügt wird. Den Menschen in seiner ganzen Persönlichkeit zu registrieren und zu katalogisieren,

---

13 Vgl. BVerfGE 65, 1 (43 f.).

14 Rudolf, Recht auf informationelle Selbstbestimmung, in: Merten/Papier (Hrsg.), Handbuch der Grundrechte in Deutschland und Europa, 2011, Band IV, § 90, Rn. 11.

15 BVerfGE 65, 1 (44).

16 BVerfGE 27, 1 (6); dazu auch: Benda, Das Recht auf informationelle Selbstbestimmung und die Rechtsprechung des Bundesverfassungsgerichts zum Datenschutz, DuD 1984, S. 86 (88).

käme der Behandlung einer Sache gleich und wäre mit der Menschenwürde nicht zu vereinbaren.[17] Daher müssen bestimmte Bedingungen normativ gewährleistet sein: Zustimmungserfordernisse, Transparenz und Informationspflichten sind grundsätzlich ein erster wichtiger Schritt in die richtige Richtung. Einer umfassenden rechtlichen Handhabe für persönlichkeitsrelevante Konflikte dürfte hingegen stets das Problem immanent sein, dass sie regelmäßig von der technischen Entwicklung überholt würde.

III. Der nationale und europäische Ruf nach Regulierung

Die Diskussion über einen besseren Schutz der informationellen Selbstbestimmung dominiert Deutschland und Europa. Der Gerichtshof der Europäischen Union hat in jüngster Vergangenheit mit seinen Urteilen zur Vorratsdatenspeicherung[18], zum Recht auf Vergessenwerden[19] und dem Safe-Harbor-Abkommen[20] den Persönlichkeitsschutz gestärkt. Diese Tendenz ist auch auf nationalstaatlicher Ebene zu sehen. Das europäische Urteil zur Vorratsdatenspeicherung etwa liest sich geradezu als Erwiderung und Erweiterung der auf nationaler Ebene erfolgten Vorgaben zum Schutz persönlicher Daten durch das Bundesverfassungsgericht. Der soziale Rechtsstaat muss evidenten Beeinträchtigungen seiner Bürger entgegenwirken, doch er ist nicht pauschal verpflichtet unliebsame Konsequenzen der Privatautonomie zu beseitigen. Die „Vergrundrechtlichung" von privatautonomen Räumen muss nicht per se ein Gewinn für die persönliche Freiheit sein, denn das Institut und die Idee der Privatautonomie sind selbst Bestandteile einer grundrechtlich garantierten Ordnung, die auf die Formalität der Rechtsordnung und die Freiheit der Willenserklärung der Beteiligten vertraut.[21]

Mehr oder weniger offen formuliert steht die Forderung im Raum, eine umfassende Verfügungsgewalt über das Netz zu haben, sozusagen den Nutzer unter den Schutzmantel des Staates zu stellen. Die Möglichkeiten der Regulierung dürfen jedoch nicht überschätzt werden, denn das Netz ist komplex und dezentral organisiert und stößt schnell, im wahrsten Sinne des

17 BVerfGE 27, 1 (6); siehe auch bereits BVerfGE 5, 85 (204); 7, 198 (205).

18 EuGH, Urteil vom 8.4.2014, C-293/12, C-594/12.

19 EuGH, Urteil vom 13.5.2014, C-131/12; siehe weiterführend Mayer-Schönberger, Delete. Die Tugend des Vergessens in digitalen Zeiten, 2. Auflage 2015.

20 EuGH, Urteil vom 6.10.2015, C-362/14.

21 Di Fabio, Leitideen der Grundrechte, in: Kube/Mellinghoff/Morgenthaler/Palm/Puhl/Seiler (Hrsg.), Die Leitgedanken des Rechts in der Diskussion, 2013, S. 65.

Wortes, an seine Grenzen.[22] Daher müssen die zu treffenden Regelungen sich auf allgemeine Grundprinzipien – und verstärkt auf deren prozessuale Durchsetzung – konzentrieren. Die bevorstehende Datenschutzgrundverordnung der EU[23] scheint diesbezüglich ein wichtiger Baustein im Mehrebenensystem zu sein. Fernab rechtlicher Regularien darf aber auch der wirtschaftliche, technologische und kulturelle Dialog nicht vergessen werden, denn die Vorstellung des „mündigen Netzbürgers"[24] wird sich nicht alleine durch juristische Lösungsansätze verwirklichen lassen. Der Einzelne muss in einem System der persönlichen Nutzereinbindung in wirtschaftlichen Modellen Persönlichkeitsrelevantes überhaupt erkennen können, damit ihm als mündigem Bürger eine Entscheidung möglich ist. Dabei müssen die verfassungsrechtlichen Grundlagen und das Menschenbild, das uns das Grundgesetz an die Hand gibt, beständig eingehalten und gestärkt werden.

Universellen rechtlichen Regelungen stünde zudem eine starke Heterogenität entgegen: Die Interessen der Staaten sind international, aber auch bereits auf europäischer Ebene, sehr verschieden. Doch vielleicht ist ein regulatorischer Rundumschlag auch nicht sinnvoll, sondern es sind vielmehr die verstärkte Durchsetzung nationaler und europäischer Regelungen und das Stärken allgemeiner Transparenzbedingungen. Im gleichen Atemzug ist ein stärkeres Augenmerk auf zivilrechtliche Verantwortungen und Pflichten der Unternehmen und Intermediäre zu werfen. Es gilt nicht die technologischen Entwicklungen zu bekämpfen, sondern sie zu akzeptieren, zu verstehen, sie in die Gesellschafts- und Rechtsordnung zu integrieren und so auch der Schaffung eines zukunftsorientierten und ebenfalls gestärkten Marktes und Wettbewerbs auf europäischer Ebene gerecht zu werden.

IV. Fazit

Die Vorstellung des allgemeinen Persönlichkeitsrechts und also auch der informationellen Selbstbestimmung, wie sie das Grundgesetz verankert und formuliert, muss konstant und mit Nachdruck durchgesetzt werden, ohne

22 Sich auf den Grundsatz „ultra posse nemo obligatur" und BVerfGE 55, 349 beziehend: Schliesky/Hoffmann/Luch/Schulz/Borchers, Schutzpflichten und Drittwirkung im Internet, 2014, S. 146 ff.

23 Vorschlag für eine Verordnung des Europäischen Parlaments und des Rates zum Schutz natürlicher Personen bei der Verarbeitung personenbezogener Daten und zum freien Datenverkehr vom 25. 1. 2012 KOM (2012) 11.

24 Siehe hierzu Di Fabio, Ist das Grundrecht ein Ladenhüter?, FAZ vom 13. 11. 2013.

die technische Entwicklung zu bremsen. Dann ist auch die vielbeschworene Ohnmächtigkeit des Rechts zu verneinen. Selbstbestimmung und Souveränität bedeuten, dass man weiß, wer wofür verantwortlich ist, oder jedenfalls, dass diese Informationen durch Fragen zu erlangen sind. Der technologische Fortschritt darf nicht die Mündigkeit des Bürgers beeinträchtigen, auch wenn die technische Abhängigkeit des Einzelnen seit dem Volkszählungsurteil des Bundesverfassungsgerichts erheblich gestiegen ist.[25] Datenschutzbeauftragte einzuführen und mittels bereichsspezifischer und präziser Zweckbegrenzungen bei Datenerhebungen die sammelnden Stellen, seien es private Unternehmen, sei es der Staat, in ihre Schranken zu weisen, wird im Geflecht nationaler, europäischer und internationaler bzw. bipolarer und multipolarer rechtlicher Beziehungen für sich genommen nicht ausreichen. Sowohl den vom Grundgesetz verfassten Staat wie auch den Staatenverbund der Europäischen Union trifft die Pflicht das ihnen immanente Wertesystem zu verteidigen. Für diesen Auftrag gilt gewissermaßen ein „bilaterales", also ein zweiseitiges Denken: Das Netz muss sowohl der Ordnung der Privatautonomie geöffnet werden als auch vor einer Überregulierung bewahrt werden. Denn das Recht auf informationelle Selbstbestimmung ist eine bedrohte Freiheit, wohl aber auch die Freiheit des Netzes selbst.

Über die Autorin:

Julia Stinner, geb. 1989, Studium der Rechtswissenschaften an der Rheinischen Friedrich-Wilhelms-Universität Bonn mit dem Schwerpunkt „Staat und Verfassung im Prozess der Internationalisierung". Seit 2014 wissenschaftliche Mitarbeiterin am Institut für Öffentliches Recht (Abteilung Staatsrecht), Lehrstuhl Prof. Dr. Dr. Udo Di Fabio. Promotionsvorhaben im Bereich verfassungsrechtlicher Fragestellungen eines modernen Datenschutzes, gefördert durch die Konrad-Adenauer-Stiftung.

25 Siehe dazu BVerfGE 65, 1 (46). Ferner Heckmann, Persönlichkeitsschutz im Internet, NJW 2012, S. 2631 ff.; Masing, Herausforderungen des Datenschutzes, NJW 2012, S. 2305 ff.; Zur gestörten Freiwilligkeit siehe: Grimm, Verfassungsrechtliche Vorgaben für einen modernen Datenschutz, Vortrag für die Datenschutzkonferenz in Berlin am 17. 10. 2012.

Von Sabine Trepte [1]

Die Zukunft der informationellen Selbstbestimmung – Kontrolle oder Kommunikation?

Informationelle Selbstbestimmung wird häufig mit dem Begriff der „Kontrolle“ beschrieben. Demnach ist informationelle Selbstbestimmung, wenn der Einzelne Kontrolle über persönliche Daten ausübt. Die Frage ist, ob tatsächlich Kontrolle Selbstbestimmung gewährleistet oder ob der Kontrollbegriff ein eher unrealistisches Verhältnis zur informationellen Selbstbestimmung suggeriert? Ein alternativer und zukunftsweisender Ansatz wäre informationelle Selbstbestimmung als Kommunikationsprozess zu beschreiben. Kommunikation muss ohne viel Kontrolle auskommen, weil sie immer in der Dynamik von Beziehungen definiert wird. Beziehungskommunikation ist nicht kontrollierbar, weder rechtlich, noch ökonomisch noch psychologisch.

Die These dieses Kapitels ist, dass die Zukunft der informationellen Selbstbestimmung stark von der Frage determiniert sein wird, welche Vorstellung von Selbstbestimmung wir haben: Kontrolle oder Kommunikation.

Zum besseren Verständnis dieser These schauen wir auf eine Reihe von Szenarien: Welche Bedeutung könnten Kontrolle und Kommunikation für die informationelle Selbstbestimmung zukünftig haben? Welche Bedeutung möchten wir Kontrolle und Kommunikation beimessen?

1 Die diesem Beitrag zugrunde liegende Theoriearbeit wurde gefördert von der VolkswagenStiftung (Projekt: Strukturwandel des Privaten, www.strukturwandeldesprivaten.de). Für wertvolle Gespräche zu diesem Beitrag danke ich Sandra Seubert, Rüdiger Grimm, Christoph Gusy und Tobias Dienlin (Projekt der VolkswagenStiftung). Darüber hinaus gilt mein Dank Alexander Rossnagel für wichtige und inspirierende Diskussionen.

I. Informationelle Selbstbestimmung als Kontrolle über Daten

Der Begriff legt es schon nahe: Selbstbestimmung. Da dreht es sich um Bestimmung und darum, selbst die Oberhand zu behalten. Letztlich suggeriert der Begriff der informationellen Selbstbestimmung also, dass wir als User unsere Daten kontrollieren können. Ist das nicht unrealistisch? Kontrolle über die eigenen Daten zu haben erscheint aufgrund der Digitalisierung unserer Gesellschaft undenkbar.

Wenn ein Video von einem meiner Vorträge auf Youtube erscheint, dann möchte und darf ich sagen, dass das Video dort gelöscht werden soll. Hier ist die Sache klar, das Recht auf informationelle Selbstbestimmung gibt mir die Kontrolle über meine Selbstdarstellung. Wenn ich in einem Video einer Feier des Fußballvereins meines Sohnes zu sehen bin – kurz, irgendwo im Hintergrund – möchte und darf ich dann einschreiten? Welche Grenzen sind hier zu setzen – gesetzlich, aber auch in Interaktion mit den anderen, also den Gästen der Feier, dem Veranstalter, und ggf. sogar mit dem Diensteanbieter Youtube?

Die Frage der informationellen Selbstbestimmung und der Kontrolle meiner Daten muss also nicht nur juristisch, sondern auch kulturell und im Hinblick auf die Verständigung mit anderen Menschen und Institutionen verhandelt werden. Es geht also immer auch um die Kommunikation darüber, was online veröffentlicht werden soll und was nicht.

II. Was die User wollen: Kontrolle

Menschen fühlen sich sicher, wenn sie den Eindruck der Kontrollierbarkeit ihrer Daten haben. Kontrolle wird in der psychologischen Literatur sogar synonym mit Privatheit und Selbstbestimmung verwendet.[2]

In aktuellen Studien zum Umgang mit den eigenen Daten im Internet zeigt sich, dass Menschen mehr Inhalte im Internet veröffentlichen, wenn sie den Eindruck der individuellen Kontrolle haben. Die User sozialer Me-

2 Laufer/Wolf, Privacy as a concept and a social issues: A multidimensional developmental theory. Journal of Social Issues, 33(3), 1977, 22–42; Johnson, Privacy as personal control In Carson (Series Ed.)/Margulis (Vol. Ed.), Man-environment interactions: Evaluations and applications; The state of the art in environmental design research. Privacy (pp. 83–100). Stroudsburg, PA: Dowden/Hutchinson/Ross, 1974.

dien waren beispielsweise in Studien von Wissenschaftlern aus Pittsburgh, USA sehr freigiebig mit ihren privaten Daten, wenn sie genaue Datenfreigaben erteilen konnten.[3] Die Probanden eines Experiments haben Auskunft darüber, was sie beispielsweise vom Lügen und Stehlen halten. Nach diesen Fragen, hatten die Probanden der ersten Gruppe die Möglichkeit anzugeben, ob jede einzelne Auskunft zu diesem und anderem moralisch zweifelhaftem Verhalten veröffentlicht werden darf oder nicht. So konnten sie beispielsweise angeben, dass ihre Auskunft zum Stehlen veröffentlicht wurde, nicht aber ihre Auskunft zum Lügen. Eine zweite Gruppe konnte insgesamt angeben, ob die Informationen veröffentlicht werden dürfen oder nicht. Eine dritte Gruppe erhielt keine dieser Kontrollmöglichkeiten. Die Probanden der ersten Gruppe, die zu jeder einzelnen der insgesamt zehn Fragen gefragt wurden, ob ihre Angaben veröffentlicht werden dürfen, gaben so gut wie alle angegebenen Informationen zur Veröffentlichung frei. Die zweite und dritte Gruppe gaben bei den sehr privaten Fragen signifikant weniger frei.

Die wahrgenommene Kontrolle, die in diesem Experiment ausgeübt werden konnte, hatte also einen erheblichen Einfluss auf die Zustimmung dazu, was im Internet veröffentlicht werden darf. Dabei erfuhr keine der Gruppen näheres zur Veröffentlichung oder zur Weiterverwendung der Daten. Allein das Gefühl der granularen Kontrolle reichte aus, um die Teilnehmer der ersten und zweiten Gruppe zu signifikant anderen Entscheidungen kommen zu lassen.

Die Autoren nennen diese widersprüchliche Verhalten das Control Paradox: Je mehr Möglichkeiten der subjektiven Kontrolle zur Verfügung stehen, umso mehr Informationen werden geteilt – auch wenn sensible Daten mit einem unbekannten Publikum geteilt werden.

III. Kontrollmöglichkeiten der User sind strukturell und kulturell begrenzt

Auch in anderen Kontexten wird Kontrolle als Lösung von Ungerechtigkeiten und Unsicherheiten gesehen. Der Chaos Computer Club wirbt dafür, dass Unternehmen besser kontrolliert werden. Ihr Vorsitzender Frank Rieger

3 Brandimarte/Acquisti/Loewenstein, Misplaced confidences: Privacy and the control paradox. Social psychological and personality science, 4(3), 2013, 340–347; Cho/Lee/Chung, Optimistic bias about online privacy risks: Testing the moderating effects of perceived controllability and prior experience. Computers in Human Behavior, 26, 2010, 987–995.

vergleicht die Sicherheit deutscher Unternehmen mit einem maroden Abwassersystem: Aus allen Leitungen leckt und spritzt es. Die Qualität unseres Wassers ist bestenfalls unbekannt, vermutlich aber schlecht.[4]

In der Debatte um Gesetze und Regulierung spielt ebenfalls der Kontrollbegriff eine zentrale Rolle. Man möchte „Verkehrsregeln" finden, die Unternehmen und Menschen den Austausch von Daten ermöglichen – wasserdicht und ohne versteckte Deals. Mit dem Recht auf informationelle Selbstbestimmung soll das Machtgefälle zwischen User und Dritten balanciert werden. Der User soll sich frei im Internet bewegen und kommunikativ frei entfalten können.[5]

Gleichzeitig wird festgestellt, dass Gesetzgebung oft langsamer ist als die technologische Entwicklung. User nutzen gern attraktiven Medieninnovationen, die damit verbundenen Deals um ihre Daten sind nicht immer bekannt und legitim.

Darüber hinaus fehlt den Usern sozialer Medien in der Interaktion mit anderen die Kontrollmöglichkeit für die eigenen Daten oft völlig. Fremde Kommentare oder Postings können nicht immer ohne Weiteres vom eigenen Profil entfernt werden. Diese Kontrollmöglichkeit ist jedoch die Voraussetzung für die Haftung des Einzelnen, wenn beispielsweise Rechtsverletzungen aufgrund der geposteten Inhalte auftreten.[6]

Kontrolle über Daten spielt also in der gesetzlichen Situation eine erhebliche Rolle. Kontrolle über die eigenen Daten kann in menschlichen Beziehungen jedoch nicht ausgeübt werden. Das würde einen Juristen nicht verwundern und ist auch im Gesetz nicht angestrebt. Oft entsteht jedoch in der Diskussion um informationelle Selbstbestimmung der Eindruck, dass auch in persönlichen Beziehungen Datenfluss kontrolliert werden kann und soll. Dieser Eindruck wird von der psychologischen Literatur und Theoriebildung sehr gestützt. Der Kontrollbegriff ist hier konstituierend für das Verständnis von Privatheit. Psychologen gingen bereits in den 1970er Jahren davon aus, dass Kontrolle Handlungsfreiheit ermöglicht.[7]

---

4 Rieger, Jeder ist angreifbar. Über Hacker und die brüchigen Fundamente der Industrie 4.0, Spiegel 39/2015.

5 Gusy, Informationelle Selbstbestimmung und Datenschutz: Fortführung oder Neuanfang? in: KritV 2000, S. 52–64.

6 Spindler, Haftungsrechtliche Probleme der Social Media, in: Hornung/Müller/Terpitz (Hrsg.), Rechtshandbuch Social Media S. 137.

7 Altman, Privacy: A Conceptual Analysis. Environment and Behavior, 8(1), 1976, 7–29.; Laufer/Wolfe, Privacy as a concept and a social issue: A multidimensional developmental theory. Journal of Social Issues, 33(3), 1977, 22–42.

Letztlich zeigt sich aber in der online Kommunikation noch deutlicher als offline: Informationen über die eigene Person werden an andere Menschen weitergegeben wie Geschenke. Was diese anderen Menschen mit den Informationen tun, wie sie Informationen interpretieren, editieren und weitergeben, ist unkontrollierbar und unregierbar.

IV. Informationelle Selbstbestimmung als Kommunikation über Daten

Kontrolle über Daten kann in interpersonalen Beziehungen kaum ausgeübt werden. Es gibt jedoch ein kulturell und subkulturell geteiltes Verständnis darüber, wie mit diesen persönlichen Informationen umgegangen wird. Dies erwirbt jeder Mensch mit seiner Sozialisation. Kontrolle spielte dabei eine untergeordnete Rolle. Ein Aushandeln und die Kommunikation darüber, wie mit den Informationen umgegangen wird, stehen im Vordergrund.

Wie gehen wir mit diesem Widerspruch um? Das soziale Miteinander sieht Kontrolle nicht vor. Kontrolle scheint in der Interaktion sogar unrealistisch und hinderlich. Im Internet scheint aber Kontrolle in zweifacher Hinsicht wichtig zu sein: Erstens wünschen User sozialer Medien Kontrolle, um sich sicher und wohl zu fühlen. Zweitens sieht die Gesetzeslage vor, dass Menschen selbst über die Preisgabe und Verwendung ihrer personenbezogenen Daten bestimmen.

Selbstbestimmung bedeutet aus psychologischer Perspektive vor allem, dass ich als Individuum sagen kann, was ich denke; dass ich authentisch sein darf. Auch bin ich selbstbestimmt, wenn ich Menschen habe, denen ich mich anvertrauen kann, denen ich vertrauen kann. All diese Fragen berühren kommunikative Aushandlungsprozesse. Kein Mensch weiß ohne Kommunikation mit anderen, ob diese wichtigen Fragen positiv beantwortet werden können.

Arbeitskollegen finden miteinander heraus, wie weit sie Informationen über ihr Privatleben teilen. Schulkinder verhandeln täglich darüber, wem sie ein Geheimnis anvertrauen möchten und können. In sozialen Medien geht es in Familien und Freundeskreisen um die Fragen: Welche Fotos laden wir hoch? Welche sind auf einen bestimmten Nutzerkreis beschränkt? Welche sind für alle?

Dieser Prozess der Kommunikation ist erforderlich, um selbstbestimmt Informationen auszutauschen. Jeder individuelle Kommunikationspartner findet für sich heraus, wie weit und wie umfänglich die eigenen Informationen mit anderen geteilt werden. Der Optimierungsprozess ermöglicht eine einvernehmliche informationelle Selbstbestimmung.

V. Ziel der informationellen Selbstbestimmung

Mit Kontrolle und Kommunikation wird informationelle Selbstbestimmung verhandelt und optimiert. Das Ziel dieses Aushandlungs- und Optimierungsprozesses ist vielversprechend. Es geht um nicht weniger als um gelungene Beziehungen. Es geht nicht darum, den Datentausch zu verhandeln, sondern Beziehungen zu gestalten. Das Verhandeln um Datentransfer ist nur eine grundsätzliche Auseinandersetzung darüber, *wie* diese Beziehungen geführt werden sollen und ob sie befriedigend für alle Beziehungspartner sind. Das große Versprechen hinter befriedigenden Beziehungen ist individuelles Glück, physisches und psychisches Wohlbefinden.[8] Dieses Versprechen kennen Menschen geradezu intuitiv und dass die Rechnung aufgeht – gelungene Beziehungen im Austausch gegen Gesundheit und Glück – zeigt sich in einer Vielzahl psychologischer Studien.

Wie informationelle Selbstbestimmung im Internet und Beziehungen miteinander in Zusammenhang stehen, haben wir erst in den letzten Jahren herausgefunden.[9] In vielen Studien zeigt sich, dass Sorgen und Bedenken der User zu weniger Selbstoffenbarung führen. Selbstoffenbarung hingegen ist erforderlich, um soziale Unterstützung zu erhalten. Und soziale Unterstützung macht Menschen glücklich, gesund, führt und Lebenszufriedenheit und Zuversicht. Demnach könnte man schließen, dass uns die Sorge um Privatheit bei der Suche nach einem glücklichen und erfüllten Leben im Weg steht. Dies ist vor allem dann zu vermuten, wenn Menschen digitale, soziale Medien nutzen möchten, die einer Anbahnung von Beziehungen und sozialer Unterstützung ermöglichen, diese aber nicht nutzen können, weil sie eine Einschränkung ihrer informationellen Selbstbestimmung befürchten.

Heißt das also, dass der Austausch im Internet unsere Suche nach Glück und Wohlbefinden behindert oder fördert? Beide Potentiale sind möglich und teilweise im Widerspruch. Sie sind tief verankert in den Strukturen sozialer Medien.

8 Cohen/Wills, Stress, social support, and the buffering hypothesis. Psychological Bulletin, 98, 1985, 310–357; Chu/Saucier/Hafner, Meta-analysis of the relationships between social support and well-being in children and adolescents. Journal of Social and Clinical Psychology, 29(6), 2010, 624–645.

9 Trepte/Reinecke (Eds.), Privacy online. Perspectives on privacy and self-disclosure in the social web, 2011.

VI. Der Widerspruch von „Cold Affordances“ und „Warm Affordances“

Soziale Medien, also Medien mit denen Menschen über Online-Dienste kommunizieren und Daten tauschen können, bergen einen zentralen Konflikt. Soziale Medien beinhalten technische Strukturen – oder „Affordances“ – die dem User mehr oder weniger präsent sind. Diese durch die Nutzung bestimmten Verwendungen werden in der kommunikationswissenschaftlichen Fachliteratur als „Affordances“ bezeichnet.[10] Dieser schwer übersetzbare Begriff umschreibt zunächst ein Angebot und einen Nutzungszweck und dann im nächsten Schritt auch, wie dieses Angebot vom User letztlich verwendet wird. Der Begriff beinhaltet also die Annahme, dass ein Angebot auf der einen Seite objektiv verstanden werden kann, auf der anderen Seite aber viele subjektive Formen der Nutzung nach sich ziehen kann. Der Nutzungszweck eines Tisches ist, daran zu sitzen. Ein Tisch kann aber auch als Regal oder Tanzfläche verwendet werden.

Bei der Nutzung sozialer Medien sind manche „Affordances“ sehr präsent, sie können als „Warm Affordances“ bezeichnet werden. Dazu gehören alle Eigenschaften, die die Vernetzung von Usern, den Austausch von Inhalten und die Interaktion ermöglichen, die also im Kern sozialer Medien liegen. „Warm Affordances“ sind im Alltag der User verankert, sie werden bei jeder Nutzung abgerufen, verwendet und gelebt.

Andere Affordances sind weniger präsent für die User, sie beeinflussen aber die Nutzung dennoch sehr stark und werden ebenfalls subjektiv unterschiedlich wahrgenommen und verwendet. Sie können als „Cold Affordances“ bezeichnet werden. Dazu gehören die technische und organisatorische Infrastruktur am „Back-End“, die beinhaltet, dass diese Angebote zunächst wirtschaftlich orientiert sind, also Erlöse generieren müssen. Soziale Medien sind als Kommunikationsmedien Dienstleistungen, die Nutzern unentgeltlich zur Verfügung gestellt werden. Erlöse werden mit Werbung und assoziierten Angeboten wie z. B. Spielen von Drittanbietern generiert. Für diese Erlösmodelle ist erforderlich, dass die Daten der User verwendet werden.

10 Sutcliffe/Gonzalez/Binder/Nevarez, Social mediating technologies. Social affordances and functionalities. International Journal of Human-Computer Interaction, 27(11), 2011, 1037–1065; Boyd, Social network sites as networked publics: Affordances, dynamics, and implications, in: Papacharissi (Ed.), A networked self: identity, community, and culture on social network sites (pp. 39–58), 2011; Trepte, Social media, privacy, and self-disclosure: The turbulence caused by social media's affordances. Social Media + Society, 1(1), 2015.

Damit ist für die Wirtschaftlichkeit dieser Angebote gleichzeitig erforderlich, dass möglichst viele User sich miteinander vernetzen, dass sie möglichst viele Daten in die Dienste einspeisen, die dann für die Werbemaßnahmen nutzbar sind. Darüber hinaus basieren viele Dienste auf der Vernetzung verschiedener Angebote, da diese Vernetzung eine größere Informationsdichte und -sättigung einzelner User ermöglicht. Basierend auf diesen Erlösmodellen ist den Anbietern der Online-Dienste wie Facebook, WhatsApp oder Instagram daran gelegen, eine maximale Vernetzung der User, maximale Selbstoffenbarung und maximale Vernetzung der Dienste zu erreichen. Diese starke Vernetzung hat viele Konsequenzen für das soziale Miteinander. User wenden sich, wenn sie etwas auf Facebook online stellen, nicht immer nur an ein Dutzend Freunde, mit denen sie aktiv kommunizieren, kommentieren und sich austauschen. Im Hintergrund lesen vierhundert Online-Freunde auf Facebook mit. Darüber hinaus werden bei einem Großteil der europäischen Facebook-User die Fotos direkt auf Instagram sichtbar. Über Instagram wird dann der Ort ausgespielt, an dem das Foto hochgeladen wurde. Damit werden User öffentlich. In dieser Öffentlichkeit werden sie möglicherweise auch wahrgenommen und angesprochen. Vielen Usern ist dieser Prozess der Vernetzung und des Teilens von Informationen bekannt, aber bei der Nutzung nicht präsent oder handlungsleitend. Dennoch bestimmen „Cold Affordances" maßgeblich die tägliche Auseinandersetzung.

„Warm Affordances" und „Cold Affordances" stehen gelegentlich in Widerspruch zueinander. An einem Beispiel wird das deutlich: Zur täglichen Nutzung des Facebook-Messengers oder der Google-Mail gehört, dass Nutzerinnen und Nutzer Informationen über Urlaubsorte oder sportliche Aktivitäten austauschen, sich Links und Fotos dazu senden. Diese Form der Nutzung gehört zu den „Warm Affordances". Der Austausch wird als selbstbestimmt und sogar privat erlebt. Während der Nutzung werden die Tags der Fotos, die Inhalte der Kommunikation ausgelesen und für personalisierte Werbung verwendet. Diese Form der Nutzung erleben User irritierend, abschreckend und als Vertrauensbruch. Sie waren sich nicht gewahr, dass die weniger präsenten Nutzungszwecke, also die „Cold Affordances" eine stärkere Vernetzung mit sich bringen als erwartet.

Auf der einen Seite wird also ein Angebot bewusst genutzt für die Interaktion, auf der anderen Seite kommen Einflüsse zum Tragen, an denen der User kein Mitbestimmungsrecht hat oder empfindet, wo er überrascht ist, sich korrumpiert und sogar ausgebeutet fühlt. Im Hinblick auf die „Warm Affordances" leben wir unsere über Jahrtausende sozialisierte und sehr bewährte Form der Interkation, der Beziehungspflege. Im Hinblick auf die „Cold Affordances" sind nun unsere Beziehungen berührt, aber unsere Erfahrungen mit Beziehungsführung greifen nicht. Dieser Konflikt ist neu. Er ist nicht über Kontrolle lösbar, weil es um Beziehungen geht.

VII. Kommunikation über individuelle Daten

Wie können wir also einen Konflikt um informationelle Selbstbestimmung lösen, der sich auf Beziehungsebene abspielt?

Informationelle Selbstbestimmung zu erreichen ist komplexer als Privatheitsregulation jemals war. Es geht nämlich nicht mehr nur um „die Sache", also darüber zu streiten und zu verhandeln, wo Privatheit verletzt wurde. Vielmehr ist auch „Metakommunikation" erforderlich, also die Kommunikation über Kommunikation.[11] Es muss um die Frage gehen, wie wollen wir den Austausch unserer Daten zukünftig handhaben? Es geht um das Aushandeln von neuen Kommunikationsmustern für den Austausch mit digitalen, sozialen Medien. Damit sind nun für die Konflikte und Turbulenzen mindestens vier Kommunikationswege erforderlich, um gelungene Absprachen zu ermöglichen:

(1) Die Kommunikation mit dem Mikrosystem, also dem eigenen Umfeld über „die Sache", zum Beispiel über das verratene Geheimnis.
(2) Weiterhin die Meta-Kommunikation mit dem Mikrosystem darüber wie zukünftig Kommunikation über soziale Medien gehandhabt werden soll.
(3) Darüber hinaus wird mit dem Makrosystem, also mit Unternehmen und Dienste-Anbietern verhandelt werden. Es geht darum herauszufinden, wie die Anbieter von Online-Diensten mit privaten Daten umgehen, ob sie löschbar, editierbar und verfügbar bleiben. Diese Kommunikation findet zum Beispiel über die Einstellung von Privacy-Settings statt.
(4) Dazu kommt die Metakommunikation mit diesem Makrosystem. Es wird mit der Gesellschaft, in Medien, über Verbraucherverbände oder Datenschützer, mithilfe der Rechtsprechung verhandelt, welche Form der Kommunikation sich alle Beteiligten – User, Unternehmen, Staat – wünschen.

11 Wirth/von Pape/Karnowski, An integrative model of mobile phone, Journal of Computer-mediated Communication, 13, 3, 2008, 593–617.

Das heißt: Kommunikation über informationelle Selbstbestimmung ist komplex. Sie ist komplizierter als Kommunikation über Privatheit. Wenn es um das eingespielte Verhandeln von Privatheit ohne Medienbezug geht, ist in der Regel weniger Kommunikation erforderlich als wenn Konflikte aus digitaler Kommunikation resultieren.

Informationelle Selbstbestimmung – und weniger datenbasiert „Privatheit“ – war immer ein wichtiger Teil menschlicher Interaktion und auch der Beziehungspflege. Konflikte um Informationen entstehen täglich und sie betreffen meistenteils nicht die digitale Kommunikation. Die tägliche Interaktion mit anderen Menschen ist eine Herausforderung. Wenn beispielsweise ein Geheimnis verraten wird, eine Information ohne Absprache weitergeben wird oder eine Grenze physischer Privatheit überschritten wird, so reagieren Menschen darauf. Die Techniken und Kommunikationspraktiken liegen hier auf der Hand: Die interindividuelle Auseinandersetzung, das Treffen und Absprachen und das Verhandeln um Grenzen. Auch in der Sozialisation sind bestimmte Brüche im Verhalten von Privatheit bereits angelegt. In der Entwicklung im Jugendalter möchten Menschen Privatheit und wünschen sich einen Rückzug von ihren Eltern. Im späten Erwachsenenalter müssen ältere Menschen Privatheitsbrüche in Kauf nehmen, weil sie selbst nicht in der Lage sind für sich zu sorgen und ihre Konten und Schlafzimmer für Pflegepersonal und Familie öffnen müssen. Auch in diesen fest in der Sozialisation verankerten Privatheitsbrüchen zeigen psychologische Studien, dass die gegenseitige soziale, emotionale Zuwendung und Kommunikation den Schmerz lindert und zu Lösungen führt.

Welche Herausforderungen erlebt nun informationelle Selbstbestimmung vor dem Hintergrund digitaler Veränderung? Die Turbulenzen liegen hier nicht vordergründig in der Sozialisation, sondern wie oben beschrieben im Konflikt von „Cold Affordances“ und „Warm Affordances“. Die Interaktion mit anderen und die Auseinandersetzung, welche Daten online geteilt werden können, bergen Risiken und Konfliktpotential. Online erscheint die Lösung für beide Formen von Konflikten aber wesentlich komplexer. Zunächst ist hier wie bei der universalen Veränderung im Kontext der Sozialisation und Entwicklung auch eine Kommunikation mit dem Mikrosystem, also mit den Personen notwendig, die involviert sind. Es muss über die Sache gesprochen werden. Gleichzeitig muss jedoch verhandelt werden, wie überhaupt mit Daten umgegangen wird, also Metakommunikation betrieben werden.

Darüber hinaus muss das Makrosystem aufgrund der wenig konsolidierten Situation einbezogen werden. Die Anbieter von Online-Diensten determinieren aufgrund ihrer Erlösmodelle und Praktiken den Umgang mit Daten. Deshalb ist stets auch eine Kommunikation mit ihnen erforderlich.

Ganz vordergründig findet diese Kommunikation über das Akzeptieren von Nutzungsbedingungen statt, darüber hinaus aber auch auf einer Meta-Ebene, indem überlegt wird, ob man bei der Nutzung der Dienste mit den Erlösmodellen leben kann, ob man sie akzeptieren mag. Letztlich – und auch dies ist ein wichtiger Schritt der Kommunikation und das Ergebnis der Kommunikation – erfolgt eine individuelle Anpassung. Das Individuum muss sich entscheiden, ob es die Bedingungen der Dienste-Anbieter akzeptiert, weiterhin das Feuilleton mit kritischen Beiträgen zur Online Privatheit liest, sich an die Verbraucherzentrale wendet oder alle Dienste verwendet, ohne sich aktiv mit diesen Fragen zu befassen.

In jedem Fall bringt die Mediennutzung aufgrund des Widerspruchs von „Cold Affordances“ und „Warm Affordances“ Konfliktpotential mit sich, dem kommunikativ begegnet werden muss. Dies ist viel komplexer und anspruchsvoller aus die Auseinandersetzung um Privatheit, die wir auf Offline-Umgebungen kennen. Die Frage ist nun, wie wir diesen Herausforderungen begegnen, welche Befürchtungen, Hoffnungen und Erwartungen sie mit sich bringen.

VIII. Hoffnungen, Erwartungen, Befürchtungen

Der Kampf um informationelle Selbstbestimmung, das Ringen in Politik, Recht und Gesellschaft resultiert vielfach aus dem Wunsch der Regelung und der Kontrolle. Es entsteht der Eindruck, dass unser Wissen und unser Einblick in die Praktiken von Unternehmen, Technologie und in die Ziele und Motive verschiedener Stakeholder dazu führen kann, dass letztlich eine Befriedung und ein Kompromiss über den Umgang mit Daten erzielt werden kann. Das Ziel ist eine endgültige Lösung, mit der man alle „unter einen Hut“ bringen kann. Es ist jedoch zu bezweifeln, dass eine Lösung oder ein Kompromiss auf diese Weise zu erzielen sind. Die Entwicklung in den Bereichen Wirtschaft und Technologie und ihre Dynamik laufen diesem Wunsch der Regulierung stets ein großes Stück voraus. Auch sind die Interessen der Nutzerinnen und Nutzer von digitalen Medien so anpassungsfähig und die Begeisterung über Features, Gadgets und jegliche Form von Innovation so ausgeprägt und dankbar, dass hier keine Befriedung in Aussicht steht.

Ich glaube, dass wir kein Tal der Ruhe oder des gegenseitigen Verständnisses erreichen werden. Nie. Deshalb erscheint es mir viel wichtiger eine Form der Kommunikation zu entwickeln, die digitale Innovationen und ihren Gebrauch begleitet. Ruhe und Befriedung könnten wir erreichen, wenn die Kommunikationsprozesse reguliert werden und nicht ihre Inhalte.

Hier beginnt also die Utopie oder bestenfalls ein Szenario der Kommunikation. Wie könnte ein solches Szenario aussehen? In vielerlei Hinsicht ist es bereits in unserer Gesellschaft, unserer Rechtsprechung, Politik und Kultur angelegt. Debattenkultur oder Kommunikationskultur werden als Begriffe hoch geschätzt. In dem Kommunikationsszenario der informationellen Selbstbestimmung spielt Kommunikation eine institutionalisierte Rolle. Allen Institutionen, die Kommunikation anbieten und fördern – wie Verbraucherschützer, Medien und Datenschutzverbänden – kommt eine wichtige Rolle zu. Sie bereiten nicht nur Entscheidungen vor, sondern bieten akute Entscheidungshilfe basierend auf laufenden Debatten. Kommunikation ist nicht ein langer Prozess, der endlich zum Einvernehmen und zum „Endziel Kontrolle" führt, sondern die Lösung selbst. Kommunikation und Aushandlung ist der übergreifende Weg des Begleitens verschiedener Stake-Holder und vorrangig der Unternehmen und Konsumenten. Reguliert werden vor allem die Kommunikationsprozesse und Machtstrukturen: Wer wo mitreden darf und wer wie abstimmen darf. Ein demokratischer Prozess wie er jetzt schon in Deutschland gemeint ist, aber wie er im Einzelnen nicht immer vollziehbar ist, weil man mit „Gesamtlösungen" eine Vereinfachung der Kommunikation anstrebt. Vielleicht sind diese Vereinfachung und eine vereinfachte Kontrolle über Daten und Datenaustausch aber nicht realistisch.

Deshalb ist zu fragen, wie wir den Begriff der informationellen Selbstbestimmung zukünftig begreifen und verstehen wollen. Bedeutet er tatsächlich Kontrolle oder Dominanz über die eigenen Daten, so wie es der Wortstamm suggeriert? Oder muss Bestimmung und Bestimmen zunehmend bedeuten, dass Einzelne selbstbestimmt verhandeln und aushandeln?

Über die Autorin:
Prof. Dr. Sabine Trepte ist seit 2013 Professorin und Inhaberin des Lehrstuhls für Medienpsychologie an der Universität Hohenheim. Von 2006 bis 2013 war sie Professorin an der Hamburg Media School und am Fachbereich Psychologie der Universität Hamburg. Sabine Trepte leitet drei vom BMBF und der Volkswagen-Stiftung geförderte Projekte zum Thema Privatheit, in denen u. a. eine repräsentative Längsschnittstudie zu Einstellungen der Deutschen zur informationellen Selbstbestimmung und Privatheit durchgeführt wird. Sie hat das Buch „Privacy Online" herausgegeben und diverse Artikel zum Thema veröffentlicht.

Stichwortverzeichnis